重庆大学经济与工商管理学院

School of
Economics and Business Administration
Chongqing University

重庆大学经济管理文库

会计信息质量与企业投资效率研究

——基于政府干预的视角

ACCOUNTING QUALITY AND FIRMS' INVESTMENT EFFICIENCY
—GOVERNMENT INTERVENTION PERSPECTIVE

饶茜●著

经济管理出版社
ECONOMY & MANAGEMENT PUBLISHING HOUSE

图书在版编目（CIP）数据

会计信息质量与企业投资效率研究/饶茜著. —北京：经济管理出版社，2013.8
ISBN 978-7-5096-2587-3

Ⅰ. ①会… Ⅱ. ①饶… Ⅲ. ①行政干预—关系—上市公司—投资效率—研究—中国 ②会计信息—关系—上市公司—投资效率—研究—中国 Ⅳ. ①F279.246

中国版本图书馆 CIP 数据核字（2013）第 188337 号

组稿编辑：杨雅琳
责任编辑：曹 靖 杨雅琳
责任印制：杨国强
责任校对：超 凡

出版发行：经济管理出版社
（北京市海淀区北蜂窝 8 号中雅大厦 A 座 11 层 100038）
网 址：www. E-mp. com. cn
电 话：(010) 51915602
印 刷：三河市延风印装厂
经 销：新华书店
开 本：720mm×1000mm/16
印 张：10.25
字 数：150 千字
版 次：2013 年 8 月第 1 版 2013 年 8 月第 1 次印刷
书 号：ISBN 978-7-5096-2587-3
定 价：38.00 元

《重庆大学经济管理文库》出版说明

《重庆大学经济管理文库》是重庆大学经济与工商管理学院和经济管理出版社组织出版的系列学术丛书。组织出版《重庆大学经济管理文库》，是重庆大学经济与工商管理学院进一步加强课题成果管理和学术成果出版的规范化、制度化建设的重要举措。

近年来，重庆大学经济与工商管理学院的广大教师和科研人员在社会主义市场经济、具有中国特色的管理理论等方面积极开展科学研究和实践探索工作，完成了大量的研究课题，推出了一批重要的研究成果，主要覆盖管理学和经济学门类的工商管理、管理科学与工程、应用经济学等学科。为了系统地总结和展示这些研究成果，从现在起，我们经过一定的评审程序，逐年从中选出一批通过各类别课题研究工作而完成的具有较高学术水平和一定代表性的著作，编入《重庆大学经济管理文库》出版。我们希望这将能够从一个侧面展示重庆大学经济与工商管理学院的科研状况和学术成就，同时，也为优秀学术成果的面世创造更好的条件。

重庆大学经济与工商管理学院

2012 年 11 月

序　言

投资是影响我国经济发展的重要因素之一，但非效率投资已成为我国企业的普遍现象，对经济的健康发展造成负面影响。根据已有的研究，企业的投资失效因信息不对称和代理问题引发，而高质量的会计信息能够有效改善信息不对称和代理问题。除了财务因素，制度环境也会影响企业的投资效率。作为经济转型背景下的中国企业，政府干预这一重要的制度背景会对其行为产生影响。企业与政府建立的政治关联以及政府对企业的最终控制权是政府干预企业的两个重要表现。因此，本书以政府对企业的干预为背景，研究会计信息与企业投资效率的关系。首先，单独研究会计信息对企业投资效率的改善作用；其次，加入政治关联要素，研究在政治关联影响下的会计信息与企业投资效率的关系；再次，研究仅在最终控制人影响下的会计信息与企业投资效率的关系；最后，研究在政治关联和最终控制人交互影响下的会计信息与企业投资效率的关系。该研究成果将有益于探索我国企业投资效率低下难题的解决途径，也可以为转变政府在经济中的作用以及政企关系的改革提供可借鉴的理论依据和经验证据。

本书以我国上市公司为研究对象，采用理论与实证相结合的方法，主要开展了以下几个方面的研究工作：

第一，企业的投资活动，因信息不对称引发的融资约束以及投资者与管理者之间和大股东与小股东之间的代理问题而效率低下，而高质量会计信息可以改善信息不对称问题和代理问题。本书从会计稳健性、盈余激进度、盈余平滑度和盈余质量四个角度研究了会计信息质量对企业投资效率的提升作用。研究发现，高质量会计信息能够有效改善企业的投资不足和投资过度，提升企业的投资效率。

第二，企业为了取得有利资源而愿意与政府建立起政治关联，但是政治关联在为企业带来诸多资源和便利的同时，也会让企业付出代价。政府干预的表现之一为政治关联，政治关联这一非市场化的手段到底给企业带来了好处还是坏处？本书研究了企业的政治关联在会计信息对企业投资效率提升机制中的作用。研究表明，与有政治关联的企业相比，在没有政治关联的企业中，高质量会计信息对非效率投资的改善作用更显著，政治关联给企业带来了不利影响。

第三，政府干预企业的另外一个表现是，政府作为企业的最终控制人，往往会导致企业出现“内部人控制”等治理问题。这些治理问题的经济后果是怎样的？本书对政府的最终控制权在会计信息对企业投资效率提升机制中的作用进行了研究。研究表明，在国有企业里，高质量会计信息对企业投资效率的提升作用不及在非国有企业中显著，政府的最终控制权给企业带来了不利影响。

第四，对于具有不同最终控制人的企业而言，民营企业为了进入政府管制行业、为了获取政府掌控的资源，会比国有企业更加依赖政治关联；国有企业因其具有的天然的与政府的关系，不会为了获得政府的资源而像民营企业那样依赖政治关联。本书研究了政治关联与政府的最终控制权的交互在会计信息质量对投资效率提升机制中的作用。研究发现，在政治关联与最终控制权的交互作用下，具有政治关联的非国有企业里会计信息对企业投资的改善作用被显著弱化，政治关联对非国有企业特别是民营企业的不利影响更为严重。

上述结论说明，为了提高企业的投资效率，会计制度制定部门和会计信息质量监督部门有必要进一步完善我国的会计制度、加强对会计信息质量的监督，企业也需要更加重视和提高会计信息的质量。政府应加大放开对资源管制的步伐，让非国有企业与国有企业同处于公平竞争的环境中，以弱化企业，特别是非国有企业对政治关联的依赖。对国有企业的改革则需要进一步深入，以完善其治理结构，弱化内部人对企业的控制。只有在建立了更加完善的法律制度，政府的职能得到进一步的转换之后，政府才能真正成为“援助之手”。

饶 茜

2013 年 5 月

目 录

第一章 绪 论

第一节 研究动因

资源配置的有效性决定着企业的发展和经济的增长，投资作为资源配置的重要方式，无论对微观企业还是宏观经济都发挥着极为重要的作用。对于微观企业来说，投资决策是企业财务决策的重要组成部分，影响着企业的融资决策和股利政策；投资效率的高低对企业的收益和利润的影响，决定着企业的盈利水平、经营业绩、经营风险、发展前景以及企业价值。以微观企业构成的宏观经济以单个企业为基础，以投资为发展的驱动器，投资效率的高低在影响微观企业经营业绩的同时决定着经济的发展速度。正是基于投资及投资效率在企业财务决策与宏观经济中的重要作用，对该问题进行研究能够为企业价值的增长和宏观经济的发展提供一个很好的视角。

大量学者对企业的投资问题进行了研究。其中，Modigliani 和 Milier（1958）的“MM 理论”最为著名。该理论认为，在不考虑公司所得税，且企业经营风险相同而只有资本结构不同时，公司的资本结构不影响公司的市场价值，企业的投资决策与资本结构无关。或者说，当公司的债务比率由零增加到100%时，企业的资本总成本及总价值不会发生任何变动，即企业是否负债对投资现金流没有任何影响，不存在最佳资本结构问题，企业价值与资本结构无关。“MM理论”的前提是完善的资本市场和资本的自由流动，不考虑公司所得税，然而现实中不存在完善的资本市场，且还有许多阻碍资本流动的因素，如公司的治理结构、市场的信息不对称、代理问题等诸多因素。于是后续的研究者将前述因素纳入“MM理论”的研究框架，产生了诸如信息不对称下的投资不足理论、自由现金流下的投资过度理论、管理者过度自信特征下的非理性投资理论等。信息不对称和代理问题导致了企业投资效率的低下，并且这已成为我国上市企业的普遍问题（张功富、宋献中，2009）。一些企业盲目地投资于热门行业，追求多元化的经营，因而导致过度投资；一些企业却面临融资难的困境，没有渠道获得足够的资金或资金成本过高，从而不得不放弃好的投资机会，从而导致投资不足。怎样有效治理失效的企业投资成为保障企业价值增长、经济稳步发展所需要解决的重要问题。

会计信息作为财务决策的有用工具，被认为能够有效地为公司治理服务（Watts、Zimmerman，1983）。Bushman和Smith（2001）最早直接对会计信息治理功能的具体机制进行了研究，发现了会计信息在管理者激励中的作用。后续文献对会计信息在企业中的治理作用做出了广泛而深入的研究，发现会计信息能够改善信息不对称和缓解代理问题。我国的会计制度经历了从无到有、从有到逐步与国际会计准则趋同的过程。与国际会计准则趋同，更加强调公允价值，那么我国企业的会计稳健性质量是否因此而随之下降，我国的会计信息质量是下降还是上升了？中国证监会也多次强调上市公司对财务数据的强制性披露，我国企业的会计信息透明度是否因此有所增强？经过多次改革之后，我国的会计制度和监督体系是否为企业投资效率的提高提供了有效的会计制度保障？企业是否因此提供了更为健康的会计信息，从而对企业的投资效率发挥了提升作用？为此，本书的研究主题之一是：基于我国的会计制度，考察企业的会计信息质量对企业的投资不足与投资过度的影响。

与投资相关的理论和研究大多基于西方国家的制度环境和成熟的资本市场。这些国家的市场制度和资本市场相对更加成熟、完善和规范。与之不同的是，发展中国家特别是处于经济转型中的中国，其资本市场显得不成熟、不完善也更不规范。处于经济转型中的中国企业，其投资活动面临着更加复杂和不确定的环境，因此，建立在西方国家经验之上的投资理论不一定适用于转型经济国家，特别是我国上市企业的投资行为。在研究我国上市企业的投资行为和效率时引入我国特殊的制度背景是非常必要的。这一特殊制度的表现之一即为政府干预。政府通过两种方式，即政府的最终控制权以及政治关联来干预企业（Chen 等，2010）。企业为了获得有利的资源，与政府建立起政治关联是我国企业的一大特征，我国上市公司里平均有 50%以上的企业存在政治关联。企业愿意与政府建立政治关联，这是因为政治关联能给企业带来诸多资源：政策性的资助、税收优惠、融资便利以及降低行业进入壁垒等。政治关联在给企业带来多方面优势和便利的同时，企业也因此而付出代价，主要表现在以下几个方面：减少独立审计的信号和保险功能，降低会计信息透明度，降低企业价值，增加无效雇佣等。那么政治关联在我国上市企业中怎样影响会计信息质量与投资效率之间的关系，并最终产生怎样的影响后果呢？为此，本书的研究主题之二是：基于政府干预企业方式之一的政治关联，考察政府对企业的会计信息质量与投资效率关系的影响及后果。

政府干预企业的另外一种重要方式是政府的最终控制权。政府作为最终控制人的企业占到我国上市公司的 70%左右。虽然我国现在普遍建立了现代企业制度，但是国有企业的改革还不够彻底，政府在国有控股上市企业中与企业本身、与管理层以及与债权人之间的契约关系没有完全理顺，呈现出“内部人控制”等治理特征，这些尚不明晰的契约安排均有可能影响到国有企业的经营行为和经济后果。那么政府的最终控制权将怎样影响会计信息质量与投资效率之间的关系呢？已有研究对最终控制人与过度投资的关系进行了研究，但少有涉及最终控制人与投资不足的关系；少数研究也考察了最终控制人与会计信息透明度的关系，但少有研究系统地研究最终控制人对会计信息质量的影响以及由此带来的经济后果，特别是体现在投资效率上的经济后果。为此，本书的研究主题之三是：基于我国政府对企业的另外一种干预方式最终控制权，考察政府的最终控制权对企业的会计信息质量与投资效率关系的影响及后果。

对于不同最终控制人的企业而言，非国有企业相较于国有企业，将与政府的关系放在更加重要的位置，更加依赖政治关联。同时，政治关联在国有企业里能有效抑制政府最终控制人对企业的干预，弱化因政府作为最终控制人带给企业的负面影响。那么在政府的两个干预方式，即政治关联与最终控制权的交互作用下的会计信息与投资效率的关系将会发生怎样的变化？为此，本书的研究主题之四是：基于政府干预企业的两种方式，即政治关联及政府对企业的最终控制权，考察政治关联与最终控制权交互作用下对企业的会计信息质量与投资效率关系的影响。

第二节 研究意义

一、理论意义

已有的企业理论中，企业投资作为财务学和金融学领域的重要内容受到了理论界的重视，并已形成了一套较为成熟的理论体系，但对于投资效率低下的治理研究还比较薄弱。对于会计信息对公司的治理机制也是从近 10 年开始的。目前的研究较少涉及会计信息对投资效率特别是投资不足的直接研究。少量的研究从某一方面（如会计稳健性、会计信息透明度）考察了会计信息对投资效率某一方面（更多的是投资过度）的影响。缺乏系统地从会计稳健性、会计信息透明度、盈余质量等多角度考察企业的会计信息质量对企业的投资不足与投资过度的影响。通过建立完整的会计信息质量评价体系，对该问题进行系统研究，能够为理解会计信息对企业的治理作用提供进一步的证据，也为理解会计信息对投资效率的改善作用提供了发展中国家的相关经验证据。

研究转型经济国家的企业行为，离不开制度背景的因素。因此，将政府这一特殊的制度背景引入我国上市企业的非效率投资的改善中是非常必要的。政府干预企业通过两种方式：政治关联和最终控制权。为了获得有利的资源，与政府建立起政治关联成为我国企业的普遍现象。但已有文献很少有从政治关联的角度来研究企业投资效率的提升，已有的研究主要集中在政治关联对投资规模，如政治关联对企业的多元化、扩张等方面，但少有研究关注政治关联在企业投资效率的提升中的作用；少数研究对政治关联对会计信息透明度的负面作用进行了研究，但少有研究考察政治关联在会计信息经济后果中的作用，更没有研究将政治关联引入会计信息对投资效率的影响机制中来。因此，基于我国企业与政府建立起来的政治关联，考察政府对企业的会计信息质量与投资效率关系的影响，能够为理解政治关联这一政府干预方式在企业中的作用提供进一步的证据，也为理解政府与企业的关系提供了处于经济转型进程中的国家的相关经验证据。

在转型经济国家中，另外一个重要的政府干预方式是政府对企业的最终控制权。西方文献较少研究政府作为最终控制人对企业的影响，因为在西方国有控股上市公司较为少见，更多的研究是集中在考察国有股比例、股权集中度对企业行为的影响。国内文献对于政府的最终控制权对企业行为影响做了较多的研究，但对于政府作为最终控制人对会计信息影响的系统研究还比较少。已有研究主要对最终控制人与财务舞弊、国有股比例与信息披露质量的关系进行了研究。更少有研究对政府的最终控制权对于会计信息在企业的投资经济后果的影响进行检验。因此，基于我国政府干预企业的另外一种重要方式——最终控制权，考察政府的最终控制权对企业的会计信息质量与投资效率关系的影响，能够为理解政府的最终控制权在企业中的作用提供进一步的证据。

不同性质最终控制人的企业，对政治关联的关联与依赖程度是不同的；政治关联在性质不同的最终控制人的企业里发挥的作用也将存在差异。但是目前将这两种形式的政府干预方式，即政治关联与政府的最终控制权结合起来进行的研究还很少看到，更没有研究将这两个要素的交互作用引入会计信息及投资效率的关系中来。因此，基于政府干预企业的两种方式——政治关联以及政府对企业的最终控制权，考察政治关联与政府的最终控制权交互作用下对企业的会计信息质量与投资效率关系的影响，能够为进一步理解政府通过政治关联和最终控制人两种方式共同干预对企业的影响提供更加深入的证据，也为理解政府是“援助之手”还是“掠夺之手”提供经济转型进程中的国家的相关经验证据。

二、现实意义

我国的会计制度从最初沿袭苏联模式，到后来分行业会计制度，再到与国际会计准则趋同的新的会计制度。这一系列改革给我国会计信息质量的提升带来了怎样的效果？会计信息在我国企业中的治理作用是怎样的？随着质量的提高，会计信息对投资效率的改善作用是否也得到提高？对于这些问题的回答，能够为理解与国际会计准则趋同的会计信息对投资效率的改善作用，提供发展中国家的相关经验证据；能够为会计制度和会计政策的制定部门进一步完善会计制度、为会计信息质量的监督部门提供更有力的质量保障，提供具有建设意义的借鉴。

处于经济转型中的中国，政府通过宏观手段和微观手段干预企业的经营，成为企业面临的重要的制度环境。政府通过政治关联和最终控制权的方式干预企业。政府控制了部分资源，并对部分行业进行管制，为了获取这些资源、进入政府管制行业，并最终获得垄断利润，企业纷纷与政府建立起政治关联。但企业也可能会为此付出成本，并损害企业的利益。那么，政治关联的负面作用具体体现在哪些方面呢？通过对政治关联对会计信息质量与投资效率关系的影响研究，可以为政治关联在企业中的作用提供更为全面的证据，为政府的经济体制改革引起对政治关联这一政府干预的手段的重视，为企业尽量少地依赖政治关联这一方式提供有利的依据。政府作为企业的最终控制人，是我国企业面临的一个重要的政府干预方式。政府因其在行政上的超强控制，但在产权上的超弱控制，导致了政府作为最终控制人的企业呈现政府干预和“内部人控制”两大特征。这些特征导致了会计信息对投资效率的作用发生了怎样的变化？通过研究政府的最终控制权对于会计信息质量与投资效率关系的影响，可以为政府的最终控制权在企业中的作用提供更深入的证据，也为正在进行的政企关系改革以及政府与市场关系的讨论提供有益的视角。

当政治关联与政府的最终控制权这两个政府干预方式结合起来、交互作用时，对企业的影响将会是怎样的呢？通过研究政治关联和最终控制人这两种干预方式共同作用下的会计信息与投资效率关系，能够为理解政府与企业的关系、政府是“援助之手”还是“掠夺之手”提供经验证据，也为政府职能的转换、建立更为完善的法律制度环境提供有益的借鉴。

第三节 研究方法与研究内容

一、研究方法

政府与企业关系背景下的企业投资效率问题研究，是一个涉及多学科的课题。本书将综合运用会计学、金融学、政治经济学、信息经济学、计量经济学等多学科的知识，在广泛借鉴国内外相关文献的基础上，力求将理论研究与实践研究、规范研究与实证研究、定性研究与定量研究等方法进行综合运用，系统研究政府干预、政治关联、政府最终控制权、会计信息质量与投资效率之间的关系。

1. 理论研究与实践研究的结合

理论研究与实践研究相结合是科学研究的基础。现实世界的各种经济现象是提炼各种科学理论的基础。学术论题的研究即是基于某一或某些特定的经济现象提出，并进而对其进行分析、总结和提炼出相应的理论。同时，理论的运用也离不开实践，这是由于高度提炼的理论往往已舍去很多具体的特性，而现实却千差万别，受到诸多因素的影响。本书的主题正是基于我国上市企业普遍存在的投资失效问题而提出的。在对该问题进行研究时，将西方的投资理论具体运用于转型经济的中国企业，且同时考虑我国特有的会计制度、政府干预经济等特点。因此，公司的投资理论不仅来源于实践，并且能够指导实践，对现实中的企业行为进行解释，并对治理企业的投资失效、政府在企业治理中的作用提出可借鉴的对策。

2. 规范研究与实证研究的结合

规范研究与实证研究相结合是财务学领域里得到广泛应用的研究方法。规范研究能够通过理论分析与推导来研究企业的投资问题，其结论是在既定的假设前提下，通过严密的逻辑推理演绎等方法来得到的。但是规范研究作为理论推导的一种重要方法，其缺陷是存在与现实相出入的状况。实证研究作为计量分析的一种重要手段，能够很好地弥补这一缺陷。实证研究的数据来源于实际的经济生活，能够真实地反映经济生活的现实，其结果不但能够证实或证伪理论推导的结论，还能够从多角度揭示经济现象的本质。本书在对主题进行研究时将上述两种方法有机地结合起来：首先对会计信息质量与投资效率的关系、政府干预方式之一的政治关联对会计信息质量与投资效率关系的影响，政府干预另一方式的最终控制权对会计信息质量与投资效率关系的影响，政府两种干预方式的政治关联与政府的最终控制权交互作用下对会计信息质量与投资效率关系的影响进行理论推导；其次再运用我国上市公司的数据，采用实证的方法，检验前述理论推导结果的真伪。两种方法相互呼应，让论题的论证更加有力和严密。

3. 定性研究与定量研究的结合

本书在研究我国企业所面临的制度背景时采用定性研究的方法，在分析会计制度的变迁、会计信息质量的现状、我国企业的投资变迁与现状，以及研究政治关联、政府最终控制权、会计信息质量与投资效率关系时，采用定性研究与定量研究相结合的方法。通过两种方法的结合，有理有据、深入浅出地论证会计信息对投资效率的治理作用以及政府在其中发挥的作用。

二、研究内容

本书依据承上启下、逐步推进的逻辑展开。首先，针对我国上市企业投资效率低下的现状，从会计信息的角度提出对其进行改进的方式，为后文研究政府对企业的干预，做出技术性的铺垫，展开政府影响企业的切入视角。然后，基于政府干预背景之一的政治关联，研究当企业与政府建立起政治关联之后，会计信息在企业里对投资效率的质量作用将发生怎样的变化，从而得出政治关联作为政府干预的方式之一，对企业产生正面还是负面的作用。其次，基于政府干预的另一种方式——政府的最终控制权，研究当企业的最终控制人是政府的时候，会计信息在企业里对投资效率的提升作用将发生怎样的变化，从而得出政府作为最终控制人对企业的影响。最后，把政治关联和政府的最终控制权这两个政府干预要素结合起来，研究在政治关联和政府的最终控制权的交互作用下，会计信息在企业里对投资效率的提升作用将发生怎样的变化，从而进一步得出政府在企业中的作用。由此，针对上述结果，提出通过高质量的会计信息完善我国上市企业投资效率的提升机制以及理顺政府与企业关系的对策与建议。

本书的主要研究框架如图 1-1 所示。

第一章，绪论。作为本书的开篇，本章首先介绍了本书选题的动因以及研究的依据，然后对本书的研究方法与研究内容进行了介绍，最后提出了本书的创新之处。

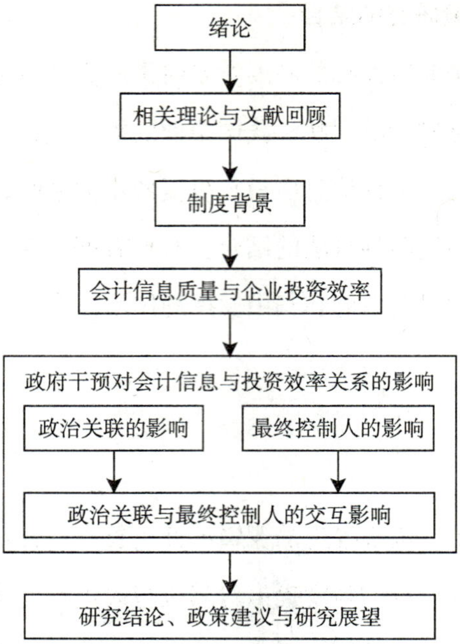

图 1–1　本书主要研究框架

第二章，相关理论与文献回顾。作为本书的理论基础，本章从信息不对称和代理问题的角度建立起企业投资问题的理论框架；对会计信息质量的相关理论进行梳理，探讨会计信息在企业中的作用，从而梳理出会计信息对资本投资的改善途径；进一步地，引入政府干预这一外部要素，为后文结合政治关联和政府的最终控制权两个制度因素，研究会计信息质量对企业投资效率的影响机理和经济后果，提供理论依据和理论支撑。

第三章，制度背景。本章从以下几个方面对本书研究论题的制度背景进行研究：企业建立政治关联的缘由和方式，政府在国有企业中的治理特征，我国企业投资体制改革的历史与现状以及我国会计制度的变迁和会计信息的质量。以通过对上述问题的研究，为后文的实证研究提供背景和制度的铺垫。

第四章，会计信息质量与企业投资效率。本章以信息不对称理论与代理理论为基础，深入分析会计信息在改善信息不对称与缓解代理问题中的作用，指出高质量的会计信息对企业投资效率的改善作用，并在理论分析的基础上提出相应的研究假设。然后在构造由会计稳健性、盈余激进度、盈余平滑度和盈余质量构成的会计信息质量体系的基础上，建立起以 Richardson 模型为基础的计量模型，实证考察了我国上市企业会计信息质量对投资效率的治理功能。

第五章，政治关联、会计信息质量与企业投资效率。本章以企业建立政治关联的动因为出发点，分析政治关联带给企业的利弊，进而推论出政治关联对会计信息的影响以及由此带来的对投资效率的后果，并在理论分析的基础上提出相应的研究假设。然后加入政治关联变量，构造出基于 Richardson 模型的计量模型，实证考察了我国上市企业的政治关联对会计信息质量对投资效率的治理功能的影响。

第六章，最终控制人、会计信息质量与企业投资效率。本章以政府作为企业的最终控制人为出发点，分析政府的最终控制权对于企业的干预及导致的内部人控制后果，进而推论出政府的最终控制权在会计信息质量影响投资效率过程中的作用及由此带来的后果，并在理论分析的基础上提出相应的研究假设。然后构造出多元回归计量模型，实证考察我国上市企业中政府的最终控制权对会计信息质量对投资效率的改善作用的影响。

第七章，政治关联与最终控制人交互影响下的会计信息质量与企业投资效率。本章对政治关联与最终控制权的交互作用进行分析，进一步研究在这两个制度因素相互作用下会计信息质量对投资效率影响发生的变化及后果，并在理论分析的基础上提出相应的研究假设。然后构造出多元回归计量模型，实证考察了我国上市企业政治关联与最终控制权交互作用对会计信息质量与投资效率关系的影响。

第八章，研究结论、政策建议与研究展望。本章对第四章到第七章的理论分析与实证检验的结论进行总结，运用规范分析方法，对由此发现的问题提出相应的对策和建议，同时提出本书的不足之处及后续研究方向。

第四节 本书的特色及创新点

本书的特色及创新点主要体现在以下几个方面：

第一，相对于已有的研究文献而言，本书通过构建一个包含正向指标（会计稳健性）与负向指标（盈余激进度、盈余平滑度和盈余质量）在内的会计信息质量体系，将非效率投资分为过度投资与投资不足，实证检验了会计信息质量与投资效率的关系，提供了会计信息对投资效率提升功能的更为全面的证据。研究发现，不论是正向指标还是负向指标，高质量的会计信息都能对企业的投资不足或投资过度发挥改善作用。因此，本书的贡献在于：一方面，有别于以往的文献，本书不仅检验会计信息质量的某一方面，而且建立了一个多方位的会计信息质量体系，检验会计信息对投资效率的作用，完善了会计信息研究的方法；另一方面，以往的研究大多集中于会计信息对融资成本、经营绩效、投资过度等方面的影响，本书从投资效率的角度研究，将非效率投资分为过度投资和投资不足，研究会计信息质量对这两个方面的影响，深化了会计信息经济后果的研究领域，拓展了会计信息治理功能的相关研究。

第二，本书以制度背景作为切入点，基于政府干预的两种形式——政治关联及政府的最终控制权，分别从这两种形式以及两者交互作用的视角，实证检验在上述要素的影响下，会计信息对投资效率提升作用的变化，拓展了投资效率影响因素的研究。已有研究分别从政治关联或者最终控制权的不同视角研究了企业投资效率的影响因素，但没有将这两个政府干预的因素纳入会计信息对企业投资效率的治理机制中，更没有涉及这两个制度因素交互作用下对会计信息及投资效率的影响。研究发现，有政治关联的企业中，会计信息对非效率投资的改善作用更差；国有企业中会计信息对投资效率的改善作用弱于非国有企业；当政治关联与政府的最终控制权交互作用时，在具有政治关联的非国有企业里，其会计信息对于投资效率的改善作用也受到弱化。因此，本书的研究是对企业投资效率影响因素研究的重要补充和拓展。

第三，从政府干预的两种形式——政治关联的低效性以及政府作为企业的最终控制人的非效率性，提供了直接、全面的证据，丰富了政府是“掠夺之手”理论的文献。现有的文献大多认为政治关联能够给企业带来诸多利益，政府是“援助之手”。本书的实证研究结果发现，在具有政治关联的企业、国有企业以及具有政治关联的非国有企业中，会计信息对投资效率的提升作用变差，也即政府会通过政治关联与最终控制权干预企业，对企业造成不利的经济后果，这为政府干预方式之一的政治关联在企业中的作用提供了更为全面的证据，也为政治关联的低效性以及政府作为最终控制人的非效率性提供了直接的证据。这一结论支持了政府是“掠夺之手”的观点，丰富了政府是“掠夺之手”理论的文献。

第二章 相关理论与文献回顾

本章是本书的理论基础。本章首先从信息不对称和代理问题的角度建立起企业投资问题的理论框架；其次对会计信息质量的相关理论进行梳理，探讨了会计信息对公司治理的途径与效果，从而梳理出会计信息对资本投资的治理途径；最后引入政府这一外部要素，为后文结合政府干预的政治关联和最终控制人两个因素研究会计信息质量对企业投资效率的影响机理和经济后果，提供了理论支撑。

第一节 信息不对称、代理问题与企业投资效率

在新古典经济框架下，企业的投资是和最优化、最大化联系在一起的。Modigliani 和 Miller（1958）的理论告诉我们，在完美的资本市场里，企业的投资决策与企业的资本结构无关，并且企业的内部资金和外部资金无差异，可以相互替代。但上述理论仅存在于完美的市场中，现实世界中存在着许多扭曲性因素使得公司资本错误配置，其中最常见和最重要的扭曲性因素是信息不对称和代理问题（Bushman、Smith，2001；Stein，2003）。

一、信息不对称与资本投资

信息不对称指契约的双方，一方了解另一方不了解的信息，在信息上占有优势。现实的资本市场并不完美，外部人（股东和债权人）与内部人（管理者）之间存在对企业资产价值信息了解的不对称问题。这种信息的不对称会导致企业不同来源的资产，如内部融资、股权融资和债务融资，在融资成本上的差异，产生企业的融资约束，进而对企业的投资决策产生影响，最终导致企业投资不足。

Myers 和 Majluf（1984）认为由于信息不对称的存在，投资者会低估企业发行股票的价格。这是因为管理者作为内部人，拥有企业的真实信息，而投资者作为外部人缺乏对企业资产真实信息的了解，因此，他们更愿意以市场已有资产的平均价格进行评价。当管理者发现企业发行的股票没法卖到理想的价格时，他们将放弃发行新的股票。这时，即使企业面临好的投资机会，投资项目的净现金流为正，也会因为企业不能融到足够的资金而不得不放弃。当资本市场存在信息不对称时，企业也难以从市场上获得债务融资资金。这可以从事前和事后两个角度来分析。从事前来看，当负债的利息率一定时，具有更大违约可能性的企业会借贷更多的贷款，这样就会对违约可能性小的企业产生挤出效应，即所谓的“柠檬市场”效应（Stiglitz、Weiss，1981），使得违约可能性小的企业反而难以获得债务融资。从事后来看，当债权人难以了解企业内部的真实信息时，他们会认为企业借债越多，违约的可能性越大；并且企业债务越高，破产的风险越大（Myers，1977）。因此，新债权人为保障自己债权的利益，会要求对新债的偿还权优于旧债，但旧的债权人一般不会愿意让新的债权人享受优先偿还权，甚至可能出现不允许企业举借新债的可能性。于是，当企业存在较高财务杠杆时，由于信息不对称的存在，往往难以通过举借新债来取得资金，而不得不面临较大的融资约束。

企业的融资约束越严重，“投资—现金流”敏感性也就越大（Fazzari 等，1988）。由于信息不对称的存在，企业不得不支付溢价来进行外部融资，这意味着企业的外部融资成本会高于内部融资成本。于是，企业的投资与内部资金之间存在着一个敏感性：当企业的自有现金流充足时，投资不足的情况难以发生，不需要企业的外部融资，即可满足企业的资金需求，这时企业的投资和内部现金流存在正相关关系；但当企业因为信息不对称面临融资约束时，企业的投资资金主要依靠内部现金流，这时，企业的融资约束越严重，投资对现金流的敏感性就越大，也即企业的融资约束程度与“投资—现金流”敏感性之间存在着正相关关系。后续的文献从不同角度证实了融资约束程度以及“投资—现金流”敏感性之间的相关关系。Athey 和 Laumas（1994）以印度的企业为样本，运用销售加速模型（the Sales Accelerator Model）研究了内部现金流与资本资源有效配置之间的关系发现，企业的内部资金和折旧对投资具有显著的解释力，内部现金流与投资呈负相关。Fazzari 和 Petersen（1993）把营运资本作为现金流的替代，研究了融资约束与投资之间的关系，实证检验的结果表明，当企业面临融资约束的时候，内生的营运资本与投资之间存在负相关关系。Hubbard（1998）从股利支付比例的角度研究了融资约束与投资之间的关系。Degryse 和 Jong（2001）以荷兰的上市公司作为样本，从集团关系的角度研究了“投资—现金流”敏感性，发现在存在信息不对称问题时，“投资—现金流”敏感性会导致投资不足。

但是，Kaplan 和 Zingales（1997）对 Fazzari 等（1988）的理论进行了否定。他们在对企业融资约束程度进行度量时，采用的是企业年报中的各种定量加上定性的信息，得出与 Fazzari 等（1988）完全相反的结论。他们进一步发现，融资约束程度与“投资—现金流”敏感性之间的关系并非是线性的。Cleary（1999）采用不同的融资约束度量指标，也得出与 Kaplan 和 Zingales（1997）一致的结论，支持了他们的理论。对于融资约束程度与“投资—现金流”敏感性之间关系的讨论至今没有得到统一的认识和解释。

不少文献也对我国企业的信息不对称和投资问题进行了研究。苗启虎（1999）对我国上市公司进行研究，发现在每股分红低于 0.05 元的企业里，内部现金流与企业投资具有相关性，因此能够推论这类企业存在因信息不对称而导致的融资约束问题。魏峰和刘星（2004）从股权结构的角度考察了我国上市公司的融资约束问题，发现国有股权比重越高的企业受到的外部融资约束越大。屈文洲等（2011）借鉴市场微观结构理论中的信息不对称指标，将PIN值作为融资约束的替代指标，发现，信息不对称程度与企业的投资支出水平成反比；信息不对称水平与"投资—现金流"敏感性成正比，但信息不对称导致的融资约束与"投资—现金流"敏感性之间的关系是非线性的。

信息不对称理论为研究企业的资本配置和企业投资的失效提供了一个重要的视角和研究途径，也为后续的研究提供了可检验的命题。由于信息不对称的存在，使得外部资金提供者对资金的提供提出更为严格的条件，如更高的融资成本、对债务偿还的优先权等，导致企业可能面临融资约束，即使当企业有更好的投资机会，也会因为缺乏资金而不得不放弃净现值为正的项目，造成企业的投资不足。

企业资本配置的影响因素并非仅有信息不对称。信息不对称理论从信息流通的角度考虑了对契约各方的影响，但没有将管理者私人利益考虑进来，如果把管理者的私人利益纳入我们的分析框架里，可以拓宽对投资行为以及投资效率的研究领域。

二、代理问题与资本投资

企业是一系列契约的集合。在不同的契约组合里存在着多重的委托—代理关系：股东与管理者、股东与债权人以及大股东与小股东。在不同的契约里，委托人和代理人不同，并且委托人和代理人的利益各不相同，两者之间存在着利益冲突，因此当存在信息不对称时，代理人会为了追求私利而损害委托人的利益。在资金的提供和使用所形成的契约关系中，因所有权和经营权分离导致了股东和管理者之间、股东和债权人之间的利益冲突，这成为代理理论所主要研究的问题。当企业的所有权集中在大股东手中时，虽然大股东能够对管理者的行为起到一定的监督作用，但大股东作为控制方也会基于私人利益对中小股东利益进行侵占，控股股东与小股东之间的矛盾也成为现代企业中一种常见的代理问题。

代理问题与企业资本投资的关系主要表现在以下三个方面：

1. 股东与管理者之间的代理问题与资本投资

（1）自由现金流与投资过度。所有权和经营权的分离导致了股东和管理者利益的不一致（Berle、Means，1932）。因此，当管理者不是百分百拥有企业的剩余索取权时，发现自己努力经营的成果由股东共同分享，但经营的成本却由自己单独承担，这时，管理者会将企业的经营决策与股东价值最大化的目标相偏离（Jesen、Meckling，1976）。同时，管理者都是具有私人利益的，为了牟取自己的私利，管理者会尽量利用自由现金流，采用扩大企业规模而非追求投资效率的方式，来进行投资（Jesen，1986）。Jensen（1986）对自由现金流进行了定义，他认为自由现金流是企业多余的现金流，即满足所有净现值（NPV）为正的投资项目之后剩余的那部分现金流。管理者在自由现金流充足的情况下，会投资净现值为负的项目，以期通过扩大企业规模而享受因此带来的各种利益（如职位升迁、社会声誉、在职消费等）。收入的增加是由此带来的最主要好处。Conyon 和 Murphy（2000）的研究发现，管理者的收入与企业规模成正比例增长，规模越大的企业的管理者的收入，不管是货币性收入还是非货币性收入，都远远大于规模更小的企业。如果资本市场的信息是对称的，管理者的这种自利行为会被股东发现且得到监督和限制，但是如前所分析，现实世界是不完美的，信息不对称是契约各方的常态。因此，当市场存在信息不对称且企业拥有自由现金流时，管理者往往不会将自由现金流通过股利的方式支付给股东，实现股东财富的最大化，而是将其投资于能够增加自己利益的项目上，造成企业投资过度。Richardson（2006）以美国上市公司为样本进行研究发现，20%的自由现金流被用到了投资过度上，并且自由现金流充裕的企业更容易发生过度投资现象。

其他文献从不同的角度对代理问题、自由现金流和过度投资问题进行了研究。Devereux 和 Schiantarelli（1990）的研究发现，企业的规模越大，代理问题越严重，此时企业的投资与自由现金流之间的相关度越大。Strong 和 Meyer（1990）的研究发现自由现金流与任意投资成正相关关系，并且市场能够识别任意投资的非效率性。Vogt（1994）发现了过度投资的原因，认为管理者的机会主义在规模大、股息发放率低的企业中，容易造成过度投资。Mark 和 Clifford（1995）将 Tobin'Q 作为代理成本的替代变量，发现 Tobin'Q 越低，企业自由现金流与投资支出之间的相关性越显著，这表明，企业的代理问题越大，投资过度越严重。

以我国企业作为样本的研究也取得了相应证据。辛清泉等（2007）利用我国上市企业 2000~2004 年的数据，从薪酬契约的角度研究发现，薪酬契约如果不能对管理者的努力工作和经营成果进行补偿和激励，那么在地方政府控制的上市企业里会出现因薪酬契约失效而引致的过度投资。唐雪松等（2007）从股东与管理者之间的代理问题角度研究证明，管理者的机会主义会导致企业过度投资。

（2）管理者过度自信与投资过度。管理者"自以为是"（Hubris）假说最早由 Roll（1986）提出。该假说认为，在进行公司并购时，管理者会高估目标公司的价值和并购收益，从而使得并购活动的支出高于公允价值，这一现象的发生是由于管理者普遍具有过度自信而导致的。Nelson 等（2003）发现，过度自信的管理者比风险厌恶的管理者更愿意承担更大的风险。Heaton（2002）进一步研究发现，如果企业的管理者是过度自信的，那么企业的"投资—现金流"敏感性会增加，这是由于过度自信的管理者会认为外部投资者低估了企业价值，因而不愿意进行外部融资。上述研究主要集中在理论层面。Malmendier 和 Tate（2005）首次运用实证方法研究了管理者过度自信下投资与现金流之间的敏感性。他们发现，在现金流充分的情况下，管理者的过度自信会造成过度投资；而在现金流缺乏的情况下，又会造成投资不足；对于权益依赖型企业来说，管理者过度自信对投资现金流之间敏感性的影响程度更大。Lin 等（2005）采用类似的方法，用台湾的数据得出相似的结论。

相关文献也对国内企业的这一问题进行了研究。郝颖等（2005）的研究发现，我国上市公司普遍存在管理者过度自信现象；管理者过度自信行为与投资水平显著正相关，且投资的现金流敏感性更高；管理者过度自信更可能导致企业的投资过度。王霞等（2008）的研究也发现，我国上市公司的管理者越过度自信，过度投资程度越大；同时还发现，管理者的过度自信与融资活动产生的现金流存在敏感性，但并不影响投资和自由现金流之间的敏感性。姜付秀等（2009）的研究则发现，管理者越过度自信，越偏好投资和内部扩张，特别当企业的现金流充裕时；但管理者的过度自信没有表现出对外部扩张的影响。

2. 股东与债权人之间的代理问题与资本投资

股东与债权人之间的代理问题主要表现在两个方面："资产替代"和投资不足。

资产替代是债务契约引致的一种代理成本。债务契约的约定，使得债权人只能获得收益既定的利息收益，而债务融资产生的项目投资收益远高于债务融资成本的那部分，将由股东获得。但是当投资项目失败时，由于企业的有限责任制，债权人不得不承担放债无法收回的后果。于是，股东与债权人之间出现利益冲突。这一利益冲突会造成扭曲企业投资行为的结果（Jensen、Meckling，1976）。于是，当管理者与股东属于同一利益方时，管理者会投资风险更高的项目，以便获得更大的收益，而不用承担投资失败可能的损失。

股东与债权人之间的代理问题也会引发投资不足。依据不完全契约理论，债务契约会导致企业资产控制权的再分配。Aghion 和 Bolton（1992）认为，企业资产的控制权可能在企业无法支付债权人利息和本金时，被转移到债权人手中去。当管理者与股东属于同一利益方时，基于对资产控制权损失的担心，管理者会更倾向于不对外借债。其结果是外部融资约束的产生，增强"投资—现金流"敏感性，最终造成企业的投资不足。

3. 控股股东与小股东之间的代理问题与资本投资

传统的代理理论更多地关注于控制权与所有权分离所导致的股东与管理者、股东与债权人之间的冲突。但是，现实世界的事实是，大股东作为企业的控制方逐渐成为一种常见的现象，控股股东与小股东之间的利益冲突日益凸显。

Mikkelson 和 Partch（1989）、McConnell 和 Servaes（1990）的研究发现，控股股东和小股东之间经常出现严重的利益冲突，控股股东可能以牺牲小股东利益为代价追求自身利益。Shleifer 和 Vishny（1997）进一步研究发现，控股股东可以利用小股东无法分享的控制权，通过侵害小股东利益来获取私人利益。Wu（2005）研究了控股股东进行过度投资的动因。他借鉴 Myers 的逆向选择研究框架，发现控制权私利在过度投资中发挥着重要作用。Hakan 和 Yurtoglu（2006）的研究表明，具有典型控股股东特征的企业，如通过金字塔结构和双重投票权实现两权分离的企业，投资收益会更低。

近年也有不少文献对我国企业的上述问题进行了研究。唐蓓等（2011）以 2005~2008 年我国制造业上市公司为样本，从控股股东的控制权与现金流权的角度研究与企业的过度投资关系，发现两者均与投资过度相关，其中控股股东的控制权与投资过度呈倒 U 型关系，而现金流权与投资过度负相关，并且控制权与现金流权分离的程度与投资过度正相关。田立军和朱献中（2011）得出相类似的结论，即控股股东的控制权与现金流权的分离程度越大，企业越倾向于过度投资。窦炜等（2011）以 2000~2008 年我国上市公司为样本，从控股股东的持股比的角度进行了研究，发现该指标与企业的投资过度负相关，而与投资不足正相关。

代理理论为解释企业资源配置效率提供了新的视角。代理理论以契约各方利益冲突为出发点，讨论这种利益冲突对企业投资行为造成的负面影响。研究代理理论不能与信息不对称完全割裂开来，代理问题在很多情况下以信息不对称为起点，如管理者对自由现金流的滥用。本部分的文献综述表明，股东和管理者之间、股东和债权人之间、控股股东和小股东之间代理问题，会扭曲资本最优配置的原则，最终导致投资效率失效。按照投资过度和投资不足对代理问题进行分类，可以发现：自由现金流、管理者过度自信、“资产替代”、控股股东控制权与现金流权的分离会导致投资过度；控股股东的高持股比会导致投资不足；股东和债权人之间的代理问题既可能导致投资过度也可能导致投资不足。

三、企业投资效率的度量

企业层面资本投资效率的度量，包括两大类方式：通过度量其他指标间接反映投资效率的方法，如通过模型度量融资约束或者用反映投资机会的指标来替代投资效率；能够直接而全面度量企业的投资效率的模型。

第一大类度量方法包括 FHP（1988）的“投资—现金流”敏感模型、Vogt（1994）的现金流与投资机会交乘项模型以及 Tobin’Q。FHP（1988）模型通过“投资—现金流”敏感性来度量企业的融资约束程度，间接反映企业的投资不足。Vogt（1994）模型弥补了 FHP（1988）模型缺乏反映“投资—现金流”敏感性动因的缺陷，构建的模型包括了投资机会、现金流以及两者的交互项，并且通过交互项的系数来反映企业的投资效率。如果该交互项系数大于零，则表明企业存在投资不足；若小于零，则表明企业存在投资过度。这一模型在我国文献里得到广泛应用（何金耿、丁加华，2001；梅丹，2005）。Tobin’Q 包括边际 Tobin’Q 和平均 Tobin’Q。边际 Tobin’Q 指新增一单位资本预期能创造的现金流的现值与重置成本的比值；平均 Tobin’Q 指先有资本的市场价值与重置成本的比值。边际 Tobin’Q 更能准确反映企业的投资机会，因此得到更为广泛的运用。Durnev 等（2004）以美国上市企业为研究对象，运用边际 Tobin’Q 作为企业投资效率的替代指标，研究发现股票价格里面包含的上市企业特质信息与企业投资效率显著正相关。Risberg（2006）以欧洲 9 个国家的上市企业为研究对象，用边际 Tobin’Q 值作为企业投资效率的替代，发现盈余及时性和投资效率之间存在非线性相关关系。

第二大类度量方法包括 Wurgler（2000）模型和 Richardson（2006）模型。这两个模型因能够直接而全面地度量企业的投资效率目前在研究中得到广泛的应用。Wang（2003）以美国上市企业为研究对象，运用 Wurgler（2000）模型和 Richardson（2006）模型来度量企业的投资效率，发现会计信息质量与行业和公司层次的投资效率呈显著正相关的关系。但是 Wurgler（2000）模型因其估算样本可能存在的幸存性偏见而出现逐渐被 Richardson（2006）模型所替代的趋势。Richardson（2006）通过计算以当年净投资规模为因变量，以主营业务收入增长为自变量的模型的残差，以该残差值作为企业投资效率的表征。当该残差值小于零的时候，表明投资不足；当大于零的时候，表明投资过度；且该残差值的绝对值越大，表明投资效率越低。Biddle 等（2009）以 1993~2005 年的上市企业为研究对象，运用 Richardson（2006）模型分别度量企业的投资不足和投资过度，研究发现，会计信息质量与投资过度负相关，与投资不足正相关，并且会计信息质量越高，企业的投资偏离预期的投资水平越小，且与宏观经济条件的敏感性越低。李青原（2009）以我国上市企业为研究对象，运用 Richardson（2006）模型来度量企业的投资效率，研究证明，我国的企业中会计信息质量也能改善企业的投资失效，即会计信息质量与投资不足和投资过度均分别负相关，并且会计信息与投资过度的负相关性在具有较高审计质量的企业中更明显。

基于以上的分析，到目前为止，Richardson（2006）模型更能直接而准确地反映企业的投资效率状况，得到最为广泛的运用，因此本书在后续实证度量企业的投资效率时也将借鉴该方法。

第二节　会计信息质量

现实世界中存在着信息不对称和代理问题等扭曲因素，使得企业的行为不能达到最优。会计信息能通过其信号传递作用，将契约一方，特别是企业的内部信息传递给契约的另外一方，例如，股东或者债权人以降低契约双方的信息不对称对管理者实施监督，缓解契约各方的代理问题。因此，会计信息被认为是缓解企业中代理问题和信息不对称的重要机制之一（Lamber 等，2007）。本部分将对会计信息的度量及会计信息对企业的治理效用研究进行综述。

一、会计信息质量的度量

从 1980 年 FASB 发布“会计信息质量特征”概念的公告之后，30 多年来，有大量的文献从理论和实证的角度对会计信息质量进行了研究。对于我国会计信息质量的特征，葛家澍和陈守德（2001）在 FASB 对会计信息质量特征界定的基础上，结合我国企业的实际情况，对我国的会计信息质量特征进行了界定：相关性与可靠性、重要性和可比性，反映了会计信息的决策有用性；透明度反映了会计信息的投资者保护的特征。由于在后文将采用实证的方法对我国上市企业的会计信息质量进行度量，因此在本小节着重对会计信息质量的实证研究进行阐述。会计信息质量的实证研究主要集中在以下几个方面。

从会计稳健性的角度进行研究。会计稳健性指会计对好消息（收入）的确认要严于对坏消息（损失）的确认（Basu，1997）。这种确认除了指在内容上的差异，也反映在时间上的差别。如果企业的经济价值，特别是经济损失不能得到及时而严格的确认，将会有更多的噪声出现在会计信息里，利润表和资产负债表的质量将会下降。因此，会计稳健性是高质量会计信息的重要表征，并且是一项重要的契约监督机制和公司治理机制（Watts，2003）。对会计稳健性进行度量的方法包括以下几类：①净资产度量法。由 Beaver 和 Ryan（2000）提出，因为稳健性会导致对资产的低估，从而降低市净率的数值。由于市净率的计算是由每股市价除以每股净资产来求得的，因此当股价存在泡沫时，稳健性可能会存在系统性的计量误差。②利用应计利润的方法。Givoly 和 Hayn（2002）认为会计信息的稳健性会导致应计项目的净累计额持续为负，因此可以对会计稳健性采用各期累计应计利润的符号和大小来进行度量。Ball 和 Shivakumar（2005）也认为稳健性需要延后确认利得并且提早确认损失，这种在确认上的不对称性会导致应计利润与同期现金流量之间也呈现值为正的不对称相关性。③Basu（1997）模型及

C_Score 度量法。Basu 模型即盈余—股票报酬关系度量法，这一对稳健性的度量方法在较长的时间内得到广泛的使用。但是，Basu 模型存在需要较长时间序列等缺陷（Ball、Shivakumar，2005）。Khan 和 Watts（2009）对 Basu 模型进行了改进，创造出 C_Score 的度量方法。这一度量方法，能够做到对每一个企业每一年的会计稳健性值进行计算。我国的辛清泉和王兵（2010）也是运用这一方法对企业的会计稳健性进行度量，检验了审计师和交叉上市对会计信息质量的交互影响。后文在进行实证检验对会计信息质量的替代变量之一的会计稳健性进行度量的时候也是借鉴该方法。

从会计信息透明度的角度进行研究。Bushman 等（2004）认为公司透明度是指企业里的信息能够让资金提供者了解的程度，包括会计透明度和公司治理透明度。会计透明度指的是会计信息能够被获得、解读和传播的程度。在实证研究中，公司透明度和会计透明度往往没有被严格区分，本书我们所指的会计信息透明度是会计透明度。Bhattacharya 等（2003）第一次较为详细地定义了会计信息不透明度的概念，并结合前人的研究，采用了盈余激进度（Earnings Aggressive-ness）、损失规避度（Loss Avoidance）和盈余平滑度（Earnings Smoothing）三个指标以及三个指标的加总，来衡量 34 个国家的收益不透明度，并研究了各国会计信息中的收益不透明度是如何影响该国的证券市场的。盈余激进度描述的是在编制财务报表时，有对收入尽早确认而对损失递延确认的倾向。企业能够实现对盈余的激进确认是由于应计项的存在。较高的盈余激进度会导致会计信息的不透明（Bhattacharya 等，2003）。盈余平滑度反映的是上市公司报告盈余与真实收益间的关系，描述了企业报告收益的波动偏离真实收益波动的程度（Leuz 等，2003）。Bhattacharya 等（2003）将其定义为公司应计项的变化与相应年份现金流变化的相关系数，并且认为，应计项与现金流之间不相匹配（即两者相关系数接近于零）是上市公司的常见现象，如果两者变化的方向不一致，且两者相关系数的绝对值很大，很有可能是上市公司在利用两者差异平滑盈余。杨之曙和彭倩（2004）在 Bhattacharya 等（2003）的基础上，以盈余激进度和盈余平滑度作为会计信息透明度的衡量指标，对我国上市公司 1994~2002 年的会计信息透明度的变化趋势采用实证的方式进行了检验。曾颖和陆正飞（2006）也是以盈余激进度和盈余平滑度作为替代变量，对我国上市公司会计信息透明度对股权融资成本的影响进行了实证分析。因此，后文在对信息透明度进行实证检验的时候，也是借鉴前人的经验，采用盈余激进度和盈余平滑度作为替代变量。

从会计盈余质量的角度进行研究。盈余代表着对会计信息的确认和计量。对盈余质量的计量包括以下两个方面的内容：一是从盈余的时间序列特性来反映盈余质量。盈余的时间序列包括可持续性、可预测性、可变动性三个内容。可持续性指的是盈余在以后期间能否得到保持的特性。Kormendi 和 Lipe（1987）通过股票回报率与盈余及其变化的相关性作为对盈余可持续性的检验。Johnson 等（2002）运用当期盈余与下期盈余的相关系数作为盈余质量的替代变量以反映盈余的可持续性。可预测性侧重于盈余质量的投资决策有用性，反映的是盈余的未来预测能力不光是盈余的总额，部分盈余也会影响到盈余的可预测性。Cohen（2003）构造了一个模型来评价盈余的可预测性，来研究会计信息质量和股权融资成本。可变动性反映企业在稳定的环境下进行经营，其盈余是平稳的、不可变动的。Francis 等（2004）为反映盈余的可变动性，运用了 10 年的滚动窗口数据，将经验现金流的标准差与特殊项目前净收入的标准差相除，对会计信息质量与股权融资成本的关系进行了检验。二是从盈余的内容特征来反映盈余的质量。在应计制下，盈余被认为由现金和应计项构成，应计项又包括非操控性应计利润与操控性应计利润。因此相关研究通过对现金流、应计项、操控性应计利润与非操控性应计利润之间的关系建立模型来评价盈余质量。早期的度量模型采用直接的方法：一是直接采用经营现金流与盈余的比值作为盈余质量评价的指标的方法，该方法认为该比值越大，盈余质量越高；二是直接运用总应计项的变化作为盈余质量评价的方法，该方法认为该数值越高，盈余质量越低。后来的学者采用较为复杂的方法对盈余质量进行度量。例如，采用对应计项中的操控性应计利润作为盈余质量度量的方法，该方法认为操控性应计利润越大，盈余质量越低。常被用到的模型有 Jones 模型、修正的 Jones 模型和扩展的 Jones 模型。Jones 模型由 Jones（1991）提出，他认为应计项的变化应和企业的收入的变化以及资产保持同步，如果被这些变量不能解释的应计项越多，盈余的质量越差。Dechow 等（1995）认为，Jones 模型假定收入不可被操纵，但是这与现实不符，因此对 Jones 模型进行了改进。后来的学者又添加了其他控制变量对 Jones 模型进行了扩展。另外一种度量方法通过度量应计项与现金流之间的关系来衡量盈余质量，若应计项能转变为现金流的程度越高，盈余的质量就越高。经常被用到的模型是 Dechow 和 Dichev 模型（以下简称 DD 模型）和修正的 DD 模型。DD 模型由 Dechow 和 Dichev（2002）提出的。DD 模型检验的是当期营运资本与上期、当期和下期的经营现金流的关系，该模型运算出来的残差或残差的标准差即被用来度量盈余质量的高低。McNichols（2002）将 Jones 模型结合进行，对 DD 模型进行了改进。Ball 和 Shivakumar（2005）认为 DD 模型对考虑应计项对收入和损失的确认，提出一个现金流与应计项的分段线性估计模型。王兵（2008）分别采用 Jones 模型和 DD 模型作为盈余质量的替代，研究企业的盈余质量与资本成本的关系。

上述会计信息质量的文献综述表明，在实证中对会计信息质量的度量可以通过会计的稳健性、会计信息透明度和会计盈余质量三种方式，这三种替代的方式都可以通过建立模型的方法来进行度量，并且在国外已经获得较为成熟的研究成果，在国内的企业会计信息质量的检验中也得到一定的运用。对于会计信息质量高低本身的检验只是一种手段，学者更加关注的是会计信息质量对企业的影响和经济后果，特别是会计信息对资本配置效率的影响。下文将对该问题的研究进行综述，首先对会计信息的公司治理作用进行分析。

二、会计信息的作用

Watts 和 Zimmerman（1979）认为会计信息除了在资产定价中的作用外，一个重要的功能就是为公司治理服务。Bushman 和 Smith（2001）最早直接对会计信息治理功能的具体机制进行了研究，发现了会计信息在管理者激励中的作用。后续文献对会计信息在企业中的治理作用做出了广泛而深入的研究。具体而言，会计信息治理功能的发挥主要体现在以下两个方面：通过改善信息不对称和缓解代理问题来实现。

1. 对信息不对称的改善

对信息不对称的改善主要体现在对投资者的保护方面。

首次将财务会计系统引入投资者保护的研究框架中的研究者是 La Porta 等（1999）。La Porta 等（2000）在后续的文献中做出进一步的研究，认为由于财务会计系统的存在和信息披露的规定，使得企业向投资者传递了投资者行使权力所必需的有用信息。具体而言，美国的证券交易法规定投资者在进行诉讼时的依据应该是上市企业发布的具有误导性的或有遗漏的会计信息，Kellogg（1984）、Francis 等（1994）、Skinner（1996）的研究证明了投资者诉讼与会计信息的披露具有相关性，管理者也会为了减轻诉讼成本采取措施改进财务报告。Bushman 和 Smith（2001）也证明了会计信息在投票争夺中发挥着重要作用，因为管理者常常会采用盈余管理的方式以增大业绩，向具有投票权的股东表明其有能力胜任现有的职位。

2. 对代理问题的治理

对代理问题的治理包括以下三方面内容。

（1）在管理者薪酬激励中的作用。Murray 和 Hassan（1997）以美国上市企业为研究对象，发现 317 家企业中有 312 家在薪酬计划中会采用会计指标，EPS（每股收益）、净利润和营业收入是使用频率最高的三个指标。Murphy（1999）的研究发现，样本公司里有 95%采用了净利润、税前利润、息税前利润等会计指标，有 91%的企业在薪酬计划里明确采用了利润指标，说明会计指标在管理者薪酬评价中得到广泛使用。Bushman 和 Smith（2001）的研究发现，企业管理者的现金收益和企业利润、股东收益两个薪酬衡量指标呈显著的正相关关系。会计信息与管理者薪酬之间的敏感关系却容易导致管理者的盈余操纵。Goldman 和

Slezak（2006）的研究证明了这一点，他们发现，如果对管理者进行股票报酬的发放，虽然能够增强管理者的努力，但也会诱使管理者进行盈余管理。Cornett 等（2008）从相反的角度验证了盈余管理会降低管理者薪酬与经营业绩之间的敏感性。

（2）对管理层的治理作用。会计信息也是管理层进行更替的重要参考信息。Weisbach（1988）的研究证明相较于股票价格，息税前利润对首席执行官（以下简称 CEO）的离职具有更高的解释力。Murphy 和 Zimmerman（1993）也证明了会计盈余和股票价格均与高管的离任存在负相关的关系。Fan 等（2007）以中国的上市公司为研究对象，也取得了相应证据，发现企业的业绩越差，CEO 越容易发生更替。Kaplan 和 Minton（2012）做了进一步的分析，把高管的更替分为内因更替（如董事会决策）和外因更替（如企业破产）。他们的研究发现，在内因更替下，高管的更替与会计指标存在显著的相关关系，但外因更替下不存在这种相关关系。

（3）对剩余索取权和剩余控制权的治理。Milgrom 和 Roberts（1992）认为，只有当企业的剩余索取权和剩余控制权达到对称分配时，企业的治理结构才能达到最高效率。Kaplan 和 Stromberg（2001）通过对私募股权交易的研究发现，风险投资合同让风险投资者拥有配置现金流权、选举权以及进入董事会的权利，而现金流权和控制权的配置会受到财务数据和财务指标衡量方法的影响。最终的结果表明，当企业业绩较差时，风险投资者将获得控制权；如果企业业绩提高，控制权才能回到企业家手中。

以上研究综述表明，一方面，会计信息通过降低投资者与管理者之间的信息不对称实现了对投资者利益的保护，使得投资者更倾向于投资具有更高会计信息质量的企业，从而弱化了企业的融资约束。另一方面，会计信息能够通过缓解企业契约各方的代理问题，加强对管理者的监督和管理，从而弱化管理者有损企业价值的行为。那么会计信息的治理作用将对企业的投资效率产生怎样的影响呢？下面将专门对该问题的研究进行综述。

三、会计信息与投资效率

会计信息对企业的投资效率将发挥怎样的作用，这是本部分将综述的内容。企业资本的有效配置与否决定着企业价值的高低，因此，会计信息对资本投资的治理作用是会计信息在企业中发挥治理作用的一个非常重要的方面。会计信息能够为投资者提供与决策相关的信息，将企业内部信息转化为外部信息，改善了契约双方的信息不对称，进而降低市场可能出现的逆向选择（Scott，2003），降低企业融资约束；其监督作用会有效制约管理者的非效率投资行为，最终起到提高企业资源配置效率的作用。有关研究主要包括以下几个方面。

从会计稳健性的角度进行研究。Zhang（2000）最早对会计稳健性对管理者的投资行为进行研究。Ball 和 Shivakumar（2005）的研究表明，当管理者进行的并购是非营利的，由于稳健性会对损失更为及时地确认，导致管理者以当期盈余为考核基础的薪酬会发生减少。Bushman 等（2006）运用跨国数据对会计稳健性与资本投资进行了研究，发现会计信息越稳健，企业对投资机会的下降越敏感。Risberg（2006）对欧洲国家的上市企业进行了研究，采用边际 Tobin’Q 作为企业投资效率的替代变量，发现盈余的及时性和投资效率之间的关系不是线性的，而是先凸后凹。Francis 和 Martin（2009）以美国上市企业为研究对象，通过实证研究发现，稳健的会计政策能够帮助企业做出更有效的并购投资决策，企业的会计稳健性与企业并购收益呈正相关关系，且会计稳健性越高的企业越不可能发生并购后的资产剥离，这也证明了会计稳健性可以作为企业内控制度的一种形式，监督管理者以防止其机会主义投资动机。

从会计信息透明度的角度进行研究。Kanodia 和 Lee（1998）的研究发现，会计信息透明度有助于管理者将内部信息传递到企业外部，通过对投资者和管理者之间的信息不对称的弱化，帮助投资者对企业进行正确定价，以减少资本资源配置的扭曲。Hope 和 Thomas（2008）以美国的跨国企业为研究对象，发现会计信息的披露会影响企业的过度投资，具体而言，如果该跨国企业披露了外国分公司的盈余信息的话，其投资过度现象弱于没有披露外国分公司盈余信息的企业。

从企业盈余质量的角度进行研究。Wang（2003）以美国上市企业为研究对象，发现会计信息质量与企业的资源配置呈正相关关系。Verdi（2006）以美国上市企业作为研究对象，利用企业投资与Tobin'Q的关系分离出投资不足和过度投资，研究发现，会计信息质量分别和投资不足以及过度投资存在负相关关系，证明高质量的会计信息可以通过改善信息不对称、缓解代理问题来提高企业的投资效率。Biddle和Hilary（2006）以美国以及日本的上市企业为对象，研究发现，当企业存在投资过度或者投资不足时，高质量的会计信息可以弱化"投资—现金流"敏感性，这一作用特别体现在企业融资主要来自于股票市场时。Loktionov（2009）对会计信息质量与资产替代之间的关系进行了研究，发现高质量的会计信息有助于债权人对企业管理者的监督，以减少资产替代这一现象的发生，从而保护债权人的利益。盈余质量的高低也可以从盈余管理的角度来度量。Zhang（2006）从应计的角度进行了研究，发现会计的应计与企业的资本融资（如发行债权和股权融资）具有相关关系，这表明应计反映了与投资相关的信息。Tang（2007）研究了具有盈余管理现象的企业的投资行为，发现盈余管理会影响企业的投资模式。McNichols和Stubben（2008）以有财务舞弊的企业作为研究对象，发现盈余管理对企业的内部投资决策发生了影响。

相关文献较少对国内企业的会计信息与投资效率做出直接而系统的检验。张劲松和季秀杰（2004）对我国上市企业进行研究发现，会计信息质量会对管理者项目投资的选择产生影响，也会对企业的投资规模造成影响。崔伟和何一峰（2008）考察我国的上市企业，从会计信息与"投资—现金流"敏感性的角度进行了研究，实证发现，如果控制企业规模、每股利润、市净率等变量，企业的"投资—现金流"敏感性随着会计信息质量的提高而降低，表明会计信息质量会对企业的投资行为产生正面的作用。李青原（2009）以我国上市企业为研究对象，运用Richarson（2006）模型对企业的投资过度或投资不足进行度量，采用

DD（2002）模型计算出的应计质量作为会计信息质量的表征，从外部审计的角度进行了研究，发现审计质量越高的企业，会计信息质量与过度投资之间的负相关关系越显著。

以上研究综述表明，已有文献从会计信息质量的多个维度研究了其与资本投资的相关关系，虽然直接从会计信息质量与投资效率的角度进行的系统研究有限，但大量文献证明了高质量会计信息能够降低信息不对称和改善企业的代理问题，将会计信息在企业中的作用纳入到对企业投资的治理的研究范畴，为进一步的研究打下有益的理论基础和经验基础。但上述研究基本上基于发达国家的研究样本，对我国企业中会计信息对资本投资发挥的治理作用的研究非常有限，我国作为一个发展中国家，研究这一类企业中会计信息的治理作用对会计信息与企业投资的研究文献是有益的补充。另外，上述研究均是从企业内部视角对会计信息与企业投资的关系进行研究，而缺乏对企业外部因素的考虑，但是企业的外部环境，特别是政府与企业的关系是影响会计信息及投资决策的重要影响因素，因此将政府要素纳入该研究领域中来，能够拓宽会计信息与投资效率的研究视角。

第三节　政府与会计信息及投资效率

政府干预的两个重要途径是政治关联和政府的最终控制权。本部分内容将从政府对经济的总体影响方式出发，分别就政府干预企业的两个具体途径——政治关联和最终控制权，综述其对企业会计信息和资本投资的影响效果。

一、政府对经济的作用

政府与经济的关系是经济学研究的核心问题，也是各国经济发展无法避免的重要问题。Shleifer 和 Vishy（1998）对于政府对经济的作用进行了总结，认为政府对经济的作用存在三种方式："扶持之手"、"看不见的手"以及"掠夺之手"。

"扶持之手"指的是当市场失灵影响企业经济发展时，政府应该有所作为以保护企业的利益。持"扶持之手"观点的学者认为，不受约束的市场会存在很多问题，如垄断定价、失业、贷款不足、地区发展失衡等，政府需要出来主动干预，以纠正这些市场失灵，比如政府管制、价格控制、调节性税收等。但是这一观点存在论证的错误，因为该观点的前提假定政府是追求社会整体福利最大化的，但事实上这一前提本身就是错误的。因此，这一观点的建议往往会与公众理论目标背道而驰。

于是出现了另外一种观点，即政府是"看不见的手"。持该观点的学者认为，自由市场运转正常，不需要政府对经济进行干预。政府需要做的只是提供一些保障经济良好运转所必需的基本功能，例如，提供一些最典型的公共产品，诸如国防。其他方面，政府对经济的干预越少越好。"看不见的手"也存在一些缺陷，因为这一观点太过理想化，使得该观点无法提出可行的策略来达到所倡导的有限政府的目标。现实世界实际会存在许多复杂的情况，政府作为"看不见的手"反而可能会对经济有害。

另外一个不同的观点是"掠夺之手"。该观点认为，政府官员作为政府代表人、政府职能的执行者，他们不会以追求社会福利最大化作为目标，反而会倾向于追求自身的利益最大化。"掠夺之手"与"看不见的手"有相似之处，都是对政府的作用持怀疑和否定的态度，但"掠夺之手"更侧重于政府对经济作用的政治过程；但是与"扶持之手"不同，"掠夺之手"更倾向于限制政府的功能，反对政府更大限度地干预经济。

Boycko 等（1995）认为政府是"掠夺之手"的观点对于研究不同国家政府对经济发展和增长是有益的。因为，"掠夺之手"的观点可以提醒大家，在政府与经济的关系上，既需要政府提供经济发展需要的基础制度保障以矫正市场失灵，也需要政府的权力得到限制。一个好的政府应该是有效而有限的。但对于中国市场的研究，大多认为中国政府是“扶持之手”（Qian、Weingast，1996；Blanchard、Shleifer，2000）。这也是中国大多数企业愿意与政府建立政治关联的原因。但是，必须认识到的是，中国政府并非是一个理想化的以追求全社会福利最大化为目标的政府。在现实中，一个具体的国家，政府往往同时发挥着这三只手的功用。那么，企业通过高管与政府建立起来的政治关联，到底对企业的会计信息与企业投资发挥着怎样的作用呢？下面我们将对这一问题进行探讨。

二、政治关联与会计信息及资本投资

Faccio（2006）将政治关联定义为企业高管（CEO、董事长、副董事长、董事会秘书等）曾经或现在在政府、议会等单位工作。她的研究表明，企业与政府建立起来的政治关联是各国经济进程中的一个常见现象。这一企业与政府的关联关系对企业的影响怎样，特别是对企业会计信息质量及资本投资的作用效果如何？本书从以下几个方面来进行分析。

1. 政治关联与会计信息质量

Chaney 等（2008）以 20 个国家的上市企业作为样本，对企业的政治关联和会计信息质量进行了研究，发现会计信息的质量在有政治关联的企业中会显著低于没有政治关联的企业，进一步的研究还发现，会计信息的质量在与政府高层官员建立起来的政治关联企业中更低。另外，在会计信息质量下降的情况下，有政治关联的企业的债务成本不会发生改变，而没有政治关联的企业的债务成本会升高。Guedhami 和 Pittman（2008）从会计信息透明度的角度对政治关联与会计信息质量的关系进行了研究，发现政治家会基于自己的政治目的而有很强的动机去转移或隐藏企业的资源，最终的结果是国有企业中的会计信息透明度显著更低。Chaney 等（2011）认为管理者有动机向股东提供更为不透明的会计信息，这是因为政治关联的建立和维护需要付出成本，为了隐瞒这些成本，管理者会降低会计信息的透明度。Ahmed（2004）也认为企业的政治关联会导致会计信息的不透明。Chen 和 Williams（2007）从政治关联影响分析师预测企业盈余的角度进行研究，发现当企业存在政治关联时，分析师对企业的盈余预测会更加困难。Piotroski 和 Srinivasan（2008）对政治关联进行分类，研究发现，具有地方政府政治关联的企业更容易隐瞒坏消息，这类企业的信息风险更高。国内也对该问题进行了研究，杜兴强、周泽将（2009）以 2004~2007 年在深圳上市的民营企业作为研究对象，对企业的政治关联区分为政府官员型和代表委员型，并以深交所披露考评得分为会计信息透明度的替代指标。研究发现，政治关联对企业的会计信息透明度产生了正面影响，但主要体现在代表委员型的政治关联企业里。

2. 政治关联与融资便利

Johnson 和 Mitton（2003）对马来西亚的企业进行研究，发现政治关联公司在获得银行贷款时比没有政治关联的企业更容易。Khwaja 和 Mian（2005）以巴基斯坦的企业作为研究对象，发现在获得贷款的数量上，有政治关联的企业是没有政治关联企业的两倍；就违约情况来看，有政治关联的企业比没有政治关联的企业高出二分之一；就贷款来源来看，有政治关联的企业贷款大都来源于国有银行。Charumilind 等（2006）对泰国 270 家企业在亚洲金融危机之前的政治关联对长期贷款的影响进行了研究，发现当企业与银行和政治家建立起政治关联时，企业更容易获得长期贷款，并且在贷款时需要的抵押物更少、获得的长期贷款更多。Faccio 等（2006）的研究发现，当政府对企业采取援助时，有政治关联的企业将获得比没有政治关联的企业更高的负债比例，说明政治关联的存在放松了对企业的贷款要求。Faccio（2007）以 47 个国家作为研究对象，有政治关联的企业具有比没有政治关联的企业更高的财务杠杆。国内的文献也对该问题进行了研究，罗党论、甄丽明（2008）以我国企业为研究对象，发现政治关联能够降低民营企业的融资约束，在金融发展水平越低的省份，这一现象越显著。

3. 政治关联与融资成本

Sapienza（2004）以意大利的企业作为研究对象，发现国有银行提供的贷款利息在大企业和经济落后地区企业更低，这表明银行的贷款行为和银行高管的政治诉求有关联。Boubakri 等（2008）对 25 个国家的 2537 家企业的政治关联对资本成本的影响做了研究，发现有政治关联的企业的资金成本显著比没有政治关联的企业低，这表明投资者会以较低的资本成本来要求有政治关联的企业，这类企业的资金风险也会比没有政治关联的企业低。Francis 等（2006）认为政治关联企业可以以更高的价格和更低的成本在股票市场上获得融资。张兆国等（2011）以我国 2005~2009 年的上市企业为研究对象，发现在有政治关联的企业里能够以更低的成本融到更多的银行贷款。

4. 政治关联与资本投资

Chuang（2004）的研究发现，企业进行多元化投资的影响因素包括政府提供给企业的融资便利、税收的优惠政策以及行业进入许可等。Lu（2008）以中国民营企业作为研究对象，以管理者的人大代表身份作为政治变量的替代变量，来研究政治关联在企业扩张中的作用。研究表明，有政治关联的企业会占有更大的市场份额，并且与政治关联的程度呈现正向的关系。罗党论、唐清泉（2009）认为我国民营企业在经营领域上存在歧视现象，它们通过对我国民营企业进行研究，发现当企业存在政治关联时，这些企业更容易投资到金融等管制行业。张敏、黄继承（2009）的研究发现，有政治关联的企业得到各种优惠政策的机会更多，因此，它们更容易进入到不同的行业，进行多元化经营。

以上研究综述表明，政治关联对企业的会计信息质量产生了负面的影响，普遍降低了会计信息的质量，政府通过会计信息对经济扮演着“掠夺之手”的角色。在文献中，直接研究政治关联与会计信息质量关系的，大多针对会计信息的透明度来进行研究，而较少涉及会计的盈余质量或会计信息的稳健性。政治关联对企业的融资变量和融资成本都产生着正面的影响作用，企业可以在政治关联的帮助下以更低的成本融到更多的债务和股权资本，从而有利于缓解企业的融资约束；政治关联也有助于企业进入政府管制行业、进行多元化的经营、有利于企业的扩张，但政治关联对企业投资效率的经验研究还比较缺乏，政治关联通过影响会计信息进一步对投资效率产生怎样的影响也没有研究涉及。政府对企业产生影响，除了通过企业与政府建立的政治关联，还会通过政府作为企业的最终控制人对企业的最终控制权。

三、政府的最终控制权与会计信息及资本投资

La Porta 等（1999）最早对企业的最终控制权问题进行了研究。他们采取层层追溯的方法来寻找所有权关系链中的最终所有权。他们认为，实际最终控制权的方式包括金字塔结构、优先表决权和交叉持股。刘芍佳等（2003）对最终控制人与企业的绩效进行研究之后发现，不同的最终控制人对企业的绩效产生了不同的影响。那么，政府作为最终控制人对企业的会计信息及资本投资产生了怎样的影响呢？

Bushman 等（2004）利用跨国数据研究，结果表明，政府对企业或银行的持股比越高，该国的会计信息透明度越差。因为从“掠夺之手”的角度，官员为了掩盖出于自身目的的干预行为，通常会压制企业会计信息的对外披露；从“扶持之手”的角度，由于政府直接对企业进行控制和管理，会计信息对信息不对称的弱化作用减弱，这也会降低会计信息的透明度。刘立国和杜莹（2003）对我国25 家上市公司 1993~2000 年发生的财务舞弊行为进行了研究，结果发现这类公司的流通股比例会更低，而且公司第一大股东是国资局的可能性会更大。王立彦和刘军霞（2003）对 1994~2000 年在 AH 交叉上市的我国 19 家公司进行研究，发现随着国有股比例的增加，企业的会计信息透明度呈下降的趋势。王化成和佟岩（2006）以盈余反应系数作为盈余质量的替代，研究发现，在政府作为最终控制人的企业里盈余质量会更低。

黄福广等（2005）对政府的最终控制权与企业经理人机会主义投资的关系进行研究，发现政府的最终控制权在产权上具有超弱控制的特征，在行政上具有超强控制的特征，这一特点不利于监管管理者的机会主义行为，并且存在银行对政府作为最终控制人企业的资金软约束，这类企业必然会出现过度投资。而在最终控制人不是政府的企业里，股东基于对经济利益的理性追求，能够对管理者实施更为严格的监督，能够避免过度投资现象的出现，并且由于这类企业存在对银行

贷款的硬约束，甚至可能会导致企业的投资出现不足的情况。支晓强和童盼（2007）对1999~2004年我国企业进行研究，发现在政府作为最终控制人的企业中，“投资—现金流”敏感性与管理者的业绩报酬敏感度呈现非线性的相关关系，即在业绩报酬敏感度增加的情况下，“投资—现金流”敏感性先增后减。而在最终控制人不是政府的企业里，“投资—现金流”敏感性出现相反的变化趋势。这表明，在政府作为最终控制人的企业里，“投资—现金流”的敏感性的引致因素是信息不对称，而在不是政府作为最终控制人的企业里，该敏感性的引致因素是自由现金流。徐晓东和张天西（2009）从自由现金流对投资的影响角度进行研究，结果表明，在政府作为最终控制人的企业里代理问题更为严重，这引致了自由现金流更多地被滥用而导致了投资过度。程仲鸣和夏银桂（2009）对我国2002~2006年的上市企业进行研究，结果表明，投资过度是由正的自由现金流导致的，并且在地方政府作为最终控制人的企业里正的自由现金流更容易导致投资过度。地方政府作为最终控制人对企业经验活动的干预扭曲了企业的投资，也弱化了控股股东对投资过度的质量效用。

政府作为企业的最终控制人是极具中国特色的一个制度背景，因此，国外的文献对此问题研究较少。就已有的文献来看，大多认为政府发挥着“掠夺之手”的功能，对企业的会计信息质量会造成负面的影响，降低会计信息的质量。虽然相关文献从盈余质量、会计信息透明度的角度对该问题进行了研究，但还缺乏最终控制人对会计稳健性的研究，而会计稳健性是会计信息质量的一个重要表征。对于政府控制对企业投资的研究，比较集中于政府控制对“投资—现金流”敏感性的影响，进而对企业过度投资产生的影响，而较少研究政府控制对企业投资不足的影响，也没有研究涉及政府控制在会计信息质量影响企业投资效率影响中的作用。

企业的投资效率影响着整个社会的资本配置，一直以来是公司财务研究的一个重要问题。在中国经济新兴并处于转型时期的大背景下，企业的会计信息对投资效率的治理以及政府通过政治关联与最终控制权对会计信息对投资效率的治理产生影响，是有待深入研究的重要课题之一。

第三章 制度背景

研究中国企业的问题，离不开中国现实的制度背景。政府通过其对国有企业的最终控制权在商业活动中扮演了重要角色。尽管在过去几十年间非国有企业的数量不断增长，并且私有部门成为中国经济增长的重要动力（Allen 等，2005），但国有企业依然在中国的资本市场占据着主导地位。另外，在自然资源、民用航空、房地产和金融等领域，政府依然掌控着资源配给的权力，企业特别是非国有企业为了进入这些领域，会任用现任或者前任政府官员担任企业高管从而与政府建立起政治关联。因此，在目前经济转型中的中国，政府通过其最终控制权及政治关联干预企业的经营和发展。本章将从政府干预的两个表现——政治关联与最终控制权，以及企业的投资和会计信息的角度对本书研究论题的制度背景进行研究。研究的具体内容包括：企业建立政治关联的缘由和方式，政府在国有企业中的治理特征，我国企业投资体制改革的历史与现状以及我国会计制度的变迁和会计信息的质量。以期通过对上述问题的研究，为后文的实证研究提供背景和制度的铺垫。

第一节　政治关联的建立

我国国有企业从1978年以来实行了一系列的改革和创新，从原来高度集中的计划经济体制下的国有企业体制，在经历了政府放权让利、企业承包制到现代企业制度的过程，最终转变成为自主经营、自负盈亏的法人实体。但政府与国有企业之间的关系并没有因此而完全割裂开。由于政府与国有控股企业存在着天然的血缘关系（柳华平，2005），为了保障政府对国有企业的最终控制权，特别是一些大型的、关系着国计民生的企业，政府对这些企业采取人事委派制。这意味着，在我国，许多政府作为最终控制人的企业的董事长、总经理等高管大多由政府从政府机关人员中委派。这样，政府作为最终控制人的企业具备了天然的政治关联。

随着我国改革开放的深入，民营企业越来越成为国民经济的重要组成部分。从1992年中共十四大明确提出私营经济是全民和集体所有制经济的补充，到2005年的国务院《关于鼓励、支持和引导个体经济等非公有制经济发展的若干意见》要求的对非公有经济歧视的消除，再到2007年的《中华人民共和国物权法》，第一次以法律的形式明确“私人合法财产受到法律保护，禁止任何单位和个人侵占、哄抢和破坏”。民营企业经历了一个从无到有、从小到大、逐步被法律所认可的过程。到目前为止，全国已有3200多万户个体私营企业，解决了8000万人的就业问题，民营企业总户数已达800万家，分别占全国企业总数的99%、工业产值的60%、工业增加值的40%、实现利税的77%、出口额的60%、城镇就业机会的75%，民营企业的年产值增长率一直保持在30%左右，远远高于同期国民经济的增长速度。但是，在我国国民经济中占据主导地位的依然是国有企业，民营企业依然处于弱势，并在多方面遭受到政策和制度上的歧视。这是由于在经济转型背景下，政府依然掌控着国民经济的命脉，例如，政府对许多稀缺资源（如土地）进行控制，采取行政审批而非市场化的手段，以及对企业进行广泛的规制等。政府不仅在某些领域成为最大的供应商，控制着重要的原料、能源以及贷款资金，还成为最大的客户，如公共基础设施建设等。政府对资源的掌控和对企业的影响能力表明政府及其官员可能会给企业带来不确定性，提高企业的交易成本（Williamson，1979）。这意味着，对于民营企业而言，要想在竞争中占据更有利的地位、争取到更稀缺的资源、进入政府管制的行业，就必须通过与政府建立起关系也即政治关联，而非通过公平的市场竞争来获得。

民营企业与政府建立政治关联主要通过两种方式：在任的企业高管进入政府部门或者原来的政府官员到企业担任高管。前一种方式下，企业家进入人大或者政协，参政议政。典型的例子如浙江传化集团董事长徐冠巨当选为浙江省政协副主席、重庆市力帆集团董事长尹明善进入重庆市政协担任副主席。在第十届全国人大代表中，民营企业家代表占到代表总数的10%；在该届全国政协代表中，来自于民营企业的代表占到委员的2.9%，其中有57名代表担任着全国工商联及省市工商联的领导。而根据《2009海南清水湾胡润百富榜》统计，上榜人中有73位政协委员，76位人大代表。民营企业家参政议政意味着非公有经济在政策的制定中拥有更多的话语权，2007年《中华人民共和国物权法》以法律的形式确立私有经济的合法地位即为典型的例子。民营企业家采取着各种方式与政府建立联系。后一种方式下，原来的政府官员“下海”到民营企业担任高管。这些“下海”的前政府官员，在“下海”之前大多身居要职，在任期间拥有大量的人脉和资源，他们卸任到民营企业担任高管能够为民营企业带来更多的资源和商业机会。例如，原浙江省财政厅徐刚“下海”到吉利担任首席执行官，温州市副市长吴敏一辞职后出任“红蜻蜓”集团“惠利玛”商业物流连锁机构总裁。官员“下海”与我国政府的行政管理领域进行的六次比较大的机构调整有关，因为在每一次的机构调整中，都会造成众多官员的“下岗”或者郁郁不得志，所以每次机构调整后，便会涌现官员“下海”的热潮。

第二节　国有企业中政府对企业的治理特征

政府作为国有企业的最终控制人需要对企业的管理者进行监督，但政府自身也存在代理问题，可能会为了自己的利益而对企业进行干预。因此，政府对国有企业存在着行政上的“超强”控制却在产权上的“超弱”控制，导致国有企业出现政府干预和“内部人控制”的两大质量特征。一方面政府对企业进行干预，导致企业的低效率决策；另一方面政府监督的缺失导致内部人控制，造成国有资产价值的受损。

政府对企业的干预主要体现在地方政府对企业的干预上。经济转型背景下，中央政府与地方政府之间的财政关系发生了变化，由以前的包干制转变为目前的分税制。在分税制下，地方政府面临着财权上升、事权下放的难题，怎样增加地方收入、保证地方财政支出成为地方政府亟须解决的问题。为了解决这一问题，地方政府通过以下三种方式来实现对企业经济决策的干预：干预银行信贷、地方保护主义和承担社会责任。

地方政府可以运用手中的权力去干预地方银行体系，以达到投资项目收益地方化、决策风险社会化的目的。长期以来，金融系统居高不下的不良贷款即在一定程度上反映了这一干预的后果。同时，地方政府也通过税收、价格政策等地方保护手段，在当地建立起贸易壁垒。地方保护干预能够有效地将其他地区的竞争对手屏蔽于本地区之外，不利于其他企业的经济增长和经济效率，但对于本地区企业来说也不见得是一项有利于企业可持续发展的长久之计。短期内，本地企业能够通过地方保护获得满足生产的最低市场份额，但却导致高价格、无效投资和生产力过剩。受到地方政府保护的国有企业缺乏市场竞争与债务约束的治理能力，企业的管理者也养成依赖当地政府的习惯，丧失了创新的活力，企业失效投资的恶果随着时间的推移逐渐显示出来。随着经济转型的进一步推进，地方保护主义的成本开始出现上升趋势。市场的进一步开放，区域资源的自由流动以及市场壁垒受到冲击、被打破，受到地方政府保护的国有企业在学会“游泳”之前不得不跳进市场经济的自由大海里游泳，其结果是可想而知的。为了维持这些企业的生存，地方政府不得不拿出更多的资金对其进行补贴，进而加剧了地方本已紧张的财政资金。除了从经济方面对企业进行干预，地方政府还对国有企业赋予不同程度的社会责任。例如，为了维持社会的稳定，保持当地的就业率，国有企业被要求在经济困难的情况下不能解聘雇员，导致了企业高额的劳动力成本、低下的经济效率，降低了企业应对危机的能力，降低了企业的价值。

“内部人控制”是我国国有企业的另一重要特征。从 1978 年开始，我国企业进行了一系列的改革和创新，经历了放权让利、两权分离、承包经营、利改税、股份制改革、建立现代企业制度等过程。正是这样一个改革历程导致了我国国有企业的“内部人控制”特征。放权让利的本质要求所有者的剩余控制权和剩余索取权需要在国家和管理者之间进行分享。其结果，一方面导致了管理者，甚至包括职工拥有了剩余索取权或现金流权；另一方面导致了国家和管理者对所有权的共同分享，即剩余控制权，这意味着作为内部人的管理者能够在法律和合同约束的范围内做出经营决策。于是，这一改革过程导致了国有企业的管理者“内部人控制”的形成。

但是，我国国有企业管理者的“内部人控制”，并没有获得企业实质的控股权，其剩余索取权更没有得到法律的保护。因此，这种没有法律保障的控制权容易引致内部人采取将产权由无保障转变为有保障的行动，即倾向于侵吞所有者的资产，其表现在管理者的在职消费、过度投资、无序扩张等行为上。

为了限制国有企业“内部人控制”的问题，国家采取了监督与限制管理者相结合的措施。对于管理者的监督，从一开始，政府便掌控着对国有企业管理者的任免权，随后又建立了外部监事会制度。1994 年国务院颁布了《国有企业财产监督管理条例》，规定由政府部门派出的监事会来监督企业的管理者。1998 年，政府又试行稽查特派员制度，并且成立了中共中央企业工作委员会，由此在稽查特派员制度的基础上再建立起新的外部监督机制。但是这一系列的措施在企业中实施得并不理想，直到中央企业工委在2003年进入国资委，这一措施也没能得到全面推行。除此之外，政府还从制度上进行创新，在国有企业里建立现代企业制度，并且在企业中设立董事会、股东会和监事会。政府在加强对管理者监督的同时，也采取措施限制管理者的权力以达到降低管理者剩余控制权的目的。例如，国有企业的管理者能够使用国有资产和享受资产产生的利益，但却不能对国有资产进行处置。

但是，政府试图建立起来的监督机制在国有企业的治理中是低效的。这是由于上述机制不能在企业层面创造出所有者的利益代表，没法真正解决国家和管理者之间的责权分配的问题。特别是当这一机制失效时，不得不转而求助于党政部门的行政干预。所以，国有企业的企业治理机制是一种“内部人控制”与政府部门干预相结合的产物。虽然政府试图建立起来的现代企业制度是一种在西方行之有效的治理制度，但在中国却面临着以下问题：首先，国有资产管理体制的落后使得国有资产所有者缺位严重。其次，如前所述，政府依然对国有企业的经营决策进行干预，一方面，会阻碍信息的流通，缺乏对管理者的有效监督，例如，政府为了控制国有企业，在选任董事会成员时常常从政治的角度进行考虑，从而使得缺乏专业管理知识的董事难以充分地监督管理者，难以有效控制“内部人控制”问题；另一方面，当政府官员非理性而心存私利时，国有企业的管理者也能够通过贿赂等方式影响政府官员的决策力，进而巩固其“内部人控制”。

第三节　企业投资体制改革及投资现状

一、企业投资体制的改革

改革之前，我国企业的所有权结构非常单一，并且受到中央计划经济的约束，企业的投资和政府的投资很难被区分。此时，企业被当作政府的附属物而存在，其投资行为作为政府投资的一种实现方式，成为国家计划施行的结果。企业在投资目标、投资决策和投资后果等方面缺乏独立的决策和地位。另外，企业投资资金也基本来源于财政拨付，企业不需要考虑资金的来源和成本。因此，企业对于投资的项目不需要考虑风险，也不用对投资的效率进行评价。但改革开放之后，企业资金来源的渠道、对项目投资的自主权和责任等都发生了巨大的变化。

改革开放之后，企业资金的来源渠道除了财政拨付之外，还包括自筹资金、银行贷款、企业债券、外商投资等多种融资方式。1979 年随着国务院《关于基本建设投资试行贷款办法的报告》的批示和实施，基建领域的企业开始试行“拨改贷”，实现了企业投资资金来源由政府无偿拨付到有偿贷款的转变。接下来，银行体系也进行了一系列的改革。例如，成立了工商银行，从财政部剥离出建设银行等，这些改革措施拓宽了企业的融资渠道。接下来，各地也开始试行设立股份制银行，进一步拓展了企业的直接融资来源。随着《企业债券管理暂行条例》的颁布和实施，企业也能够通过发行本企业的债券进行更为灵活的融资。20 世纪 90 年代初，上交所和深交所的建立，更是为企业提供了一个更为广阔的融资平台，企业能够通过上市，将市场上充分的资金资源融到企业。这一系列的金融改革措施，为企业资金的来源提供了多元化的渠道，企业既能够通过自有所有权的方式进行融资，也能够通过负债的方式取得投资资金，保证了企业投资资金的充足，也优化了企业的财务结构。

在投资资金来源渠道进行改革的同时，企业的投资决策制度也经历了不断的变革。国家的宏观管理制度由以前的直接行政计划逐渐向间接的市场化调控转变，政府对于项目审批的手续和权限也逐步得到简化和下放，并且运用各种产业、税收等市场化的手段，对企业的项目审批和实施采用更加灵活的宏观管理。例如，对固定资产投资项目的审批在2003年以前主要采用国家审批的制度，即大中项目归省级以上部门审批，小项目归地方政府审批，企业不具有投资决策的自主权。2003年，中共十六届三中全会颁布和实施了《中共中央关于完善社会主义市场经济体制若干问题的决定》。该决定确立了企业独立的投资主体的地位，实行谁投资、谁决策、谁收益和谁担风险的制度。政府只审批涉及国家经济安全、影响经济布局的重大项目、政府投资的项目以及明文受限的项目。其他项目由原来的审批制转变为备案制，由企业自行做出投资决策。对于必须审批的项目，需要在科学分配中央政府和地方政府权限的基础上，充分尊重大型企业的投资自主权，并进一步完善审核论证制度，提供审批效率。2004年，国务院通过了《国务院关于投资体制改革的决定》进一步将《中共中央关于完善社会主义市场经济体制若干问题的决定》中的原则进行细化和落实，并规定：政府主要对政府投资建设的项目进行审批；不是政府投资和建设的项目不实行审批制，分不同情况采用核准制和备案制。

随着企业融资渠道和投资决策体制市场化改革进程的推进，企业拥有了更充足的资金来源，在投资决策上也拥有了更多的自主权，但同时也让企业承担了更多的责任，国家不再为企业的失效投资后果埋单，企业不得不为自己的投资决策后果负责。

二、企业投资的现状

从改革开放以来，就全社会整体来看，我国投资规模呈现逐年上升的趋势。表 3-1 对我国 2006~2010 年 5 年间的固定资产投资总额和资金来源进行了统计。表 3-1 显示，我国固定资产投资总额在 2006 年为 118957.0 亿元，到 2010 年增加到 310964.2 亿元，增幅达到了 161%。就每年的增长比例来看，2006~2010 年逐年分别为：26.8%、21.3%、36.8%和 24.3%，其均值为 27.3%。从上述增长的比例可以看出，我国固定投资的规模一直保持着较高的增速，特别在 2009 年达到最高值。2009 年 36.8%的增幅，这与当时处于全球经济危机，我国为了保持经济稳步增长而出台的相关促进投资的政策有关。

表 3-1 固定资产投资资金及来源

单位：亿元

年份	本年投资资金	资金来源				
		国家预算内资金	国内贷款	利用外资	自筹资金	其他资金
2006	118957.0	4672.0	19590.5	4334.3	71076.5	19283.7
2007	150803.6	5857.1	23044.2	5132.7	91373.2	25396.4
2008	182915.3	7954.8	26443.7	5311.9	118510.4	24694.4
2009	250229.7	12685.7	39302.8	4623.7	153514.8	40102.6
2010	310964.2	14677.8	47258.0	4986.8	197099.2	46942.4

资料来源：中华人民共和国国家统计局网站。

表 3-1 还披露了 2006~2010 年我国投资资金的来源，主要包括国家预算内资金、国内贷款、利用外资、自筹资金和其他资金。由表 3-1 可以发现，企业固定资产投资的资金来源比重最大的是自筹资金，且总量呈逐年增长的趋势。该指标 2006~2010 年每年占投资总额的比重分别为 59.7%、60.6%、64.8%、61.3%、63.4%。该比例显示自筹资金每年均占到企业投资资金总额的一半以上，且其比重呈逐年上升的趋势。可见，企业投资的资金主要通过发放债券、自有资金或通过股票市场来进行融资取得。国内贷款和其他资金成为仅次于自筹资金之后的企

业主要资金来源。利用外资成为企业投资资金来源最少的渠道。该指标2006~2010年每年占投资总额的比重分别为3.6%、3.4%、2.9%、1.8%、1.6%。该比例显示外资的利用比例每年均只占到企业投资资金总额的百分之几，且其比重逐年下降。可见，企业对外资的利用比重越来越小，也说明我国对外资的依赖越来越小。从投资资金来源每年的变化情况来看，2006~2010年每年的变化比例是：预算内资金分别为25.4%、35.8%、59.5%、13.6%；国内贷款分别为17.6%、14.8%、48.6%、20.2%；外资分别为18.4%、3.5%、-12.9%、7.8%；自筹资金分别为28.6%、29.7%、29.5%、28.4%；其他资金分别为31.7%、-2.8%、62.4%、17.1%。从上述数据可以看出，企业拥有了渠道丰富的投资资金来源，但政府为企业直接提供资金的比重依然在逐年增加，并呈现上升的趋势，政府直接干预企业资源配置的角色依然还没有太大的改善。

表3-2列示了2006~2010年5年间全社会固定资产投资的主要构成情况。我国固定资产投资主要由以下几个方面构成：建筑安装工程、设备工具器具购置和其他费用。由表3-2可以看出，建筑安装工程是固定资产投资的主要方面，其占投资总额的比重2006~2010年分别为56.1%、55.4%、57.4%、55.5%、55.1%。均值为55.9%。这说明，我国的固定资产投资更加注重对基础设施建设的投资。

表3-2 固定资产投资构成

单位：亿元

年份＼投资构成	建筑安装工程	设备工具器具购置	其他费用
2006	66775.8	25563.9	17658.4
2007	83518.3	31574.8	22230.9
2008	104958.9	40594.1	27275.5
2009	138758.3	50844.2	34996.2
2010	171351.8	61681.5	45088.5

资料来源：中华人民共和国国家统计局网站。

表3-3列示了2006~2010年5年间固定资产投资在不同行业中的构成情况。从表3-3可以看出，制造业是投资规模最大的行业。2006~2010年，每年制造业

投资占整个社会投资规模的比重分别是28.7%、29.5%、30.9%、28.2%、28.5%，平均为29.2%。房地产业也紧随其后，是投资规模排名第二的行业。2006~2010年，每年房地产业投资占整个社会投资规模的比重分别是20.6%、21.5%、22.1%、19.7%、20.9%，平均为20.9%。就与整个社会投资规模的占比来看，制造业和房地产业两个行业共占到社会投资总额的50%左右，成为社会投资的主要行业。

表3-3 固定资产投资分行业构成

单位：亿元

行业 \ 年份	2006	2007	2008	2009	2010
农、林、牧、渔业	2749.938	3403.504	5064.454	6894.861	7923.088
采矿业	4678.399	5878.806	7705.802	9210.84	11000.95
制造业	34089.51	44505.13	56702.36	70612.9	88619.2
电力、燃气及水的生产和供应业	8585.669	9467.576	10997.2	14434.56	15679.72
建筑业	1125.5	1302.252	1555.933	1992.459	2802.235
交通运输、仓储和邮政业	12138.12	14154.01	17024.36	24974.67	30074.48
信息传输、计算机服务和软件业	1875.907	1848.086	2162.636	2588.952	2454.492
批发和零售业	2265.331	2880.318	3741.841	5132.811	6032.192
住宿和餐饮业	1095.7	1519.434	1959.223	2625.376	3366.76
金融业	121.4233	157.5623	260.5502	360.1517	489.381
房地产业	24524.38	32438.9	40441.82	49358.51	64877.29
租赁和商务服务业	725.5538	949.3418	1355.865	2036.178	2692.564
科学研究技术服务和地质勘察业	495.3375	560.0296	781.9854	1200.838	1379.283
水利、环境和公共设施管理业	8152.666	10154.31	13534.32	19874.36	24827.59
居民服务和其他服务业	389.4557	434.6828	521.9957	801.9274	1114.057
教育	2270.237	2375.557	2523.754	3521.179	4033.614
卫生、社会保障和社会福利业	768.9767	885.0264	1155.614	1858.645	2118.983
文化、体育和娱乐业	955.4183	1243.362	1589.935	2383.385	2959.398
公共管理和社会组织	2990.528	3166.053	3748.49	4735.917	5676.58
国际组织	0.135		0.2603	0.2459	

资料来源：中华人民共和国国家统计局网站。

第四节　我国会计制度变迁与会计信息质量

一、会计制度的变迁

我国会计制度随着经济体制改革的推进，也发生了巨大的变迁。在改革开放之前，我国的会计制度沿袭着苏联的模式，即以企业和预算会计制度的实施和编审为主体内容。改革开放初期，为了适应逐渐出现的多种所有制形式，按照所有制形式，分行业、分所有者颁布了多种会计制度，如《国营工业企业会计制度——会计账户和会计报表》、《国营供销企业会计制度——会计账户和会计报表》、《国营施工企业会计制度——会计账户和会计报表》、《建设单位会计制度——会计账户和会计报表》、《国营对外承包企业示范会计制度——会计账户和会计报表》。随着经济体制改革的进一步深入、现代企业制度的逐步建立、企业所有制形式的多元化，企业经营范围的扩大，上述依据行业和所有者形式颁布的会计制度已不能满足企业对财务信息记录的需求，也不能满足市场对企业监督和评价所需的会计信息要求。于是，2000 年出台了《企业会计制度》、2001 年颁布了《金融企业会计制度》、2004 年实行了《小企业会计制度》，逐步完善了我国的会计制度，能够更好地满足企业和市场对会计信息的需求，也逐步实现了与国际会计准则的趋同。

改革开放之后，我国颁布实施的一系列会计制度均是在会计准则的基础上制定的。我国最早的会计准则可以追溯到 1992 年颁布的《企业会计准则》，这之后又相继颁布了《会计准则——关联方关系及交易的披露》、《会计准则——债务重组》、《会计准则——收入》、《会计准则——投资》、《会计准则——会计政策、会计估计变更和会计差错更改》、《会计准则——建造合同》等具体准则。2007年，我国又全面实施了新的会计准则，包括1项基本准则、38项具体准则和2个应用指南。这一新的准则得到了国际社会的赞誉，并且实现了与国际会计准则的实质性趋同。我国会计准则委员会在2007年12月与香港会计师公会共同签署了《关于内地企业会计准则与香港财务报告准则等效的联合声明》，这一声明明确规定，内地与香港的会计准则除了有两条准则稍有差异之外，即资产减值损失转回和关联方披露两条准则，其他的准则基本具有等同的效力，并且分别根据两地的会计准则编制的会计报表可以通用。

随着经济改革的深入，我国的会计制度也发生了相应的变化，相关条款的制定不但实现了逐步与国际会计准则的趋同，并能更好地满足企业和外部投资者与监督者对会计信息的需求，为企业的会计信息在投融资市场和公司的治理中发挥积极的作用提供了有力的保障。

二、会计信息的质量

随着我国会计制度的不断改革以及与国际会计准则的进一步接轨，我国企业的会计信息质量在总体上也得到了很大提高。表3-4列示了财政部2006~2010年5年间每年对我国企业的财务状况进行检查的结果。总的来看，我国企业的会计信息质量得到了提高。从2006年的“总体上有所提高”到2007年的“整体上得到进一步的提升”，再到2009年和2010年的“较好地执行了《中华人民共和国会计法》和企业会计准则”。但是其中也存在非常多的问题。从公布出来的检查结果可以看到，我国企业的会计信息质量还存在以下问题：①对《中华人民共和国会计法》和会计准则的理解和执行不到位。从2007年执行新的会计法开始，企业就存在“对准则理解有偏差、判断不准确、执行不到位”的问题，到2009年及2010年依然存在“执行《中华人民共和国会计法》和企业会计准则不到位”、“执行会计准则不力”等问题。②违法违规问题。2006年即存在“上市公司粉饰业绩”的问题，到 2010 年依然存在“国有及国有控股企业有意粉饰财务报表”的现象，较为严重的还有“少数企业存在违背准则操纵利润、虚构交易等严重会计造假行为”。③内控财务不健全不规范。从 2006 年企业就存在“会计核算和财务管理有待规范”的问题，到 2009 年和 2010 年“内部控制和财务管理制度不健全”、“财务管理不规范”的问题依然存在，并且还存在“财务人员业务素质不高”的问题。

表 3-4　会计信息质量检查总体情况

年份	差的方面	好的方面
2006	部分企业存在一定程度的会计违法违规问题。部分国有企业会计核算和财务管理有待规范。少数上市公司粉饰业绩。部分房地产企业在会计核算、银行信贷、税款缴纳等方面存在较多违规问题	会计信息质量总体上有所提高
2007	部分企业对准则理解有偏差、判断不准确、执行不到位。少数企业存在违背准则操纵利润、虚构交易等严重会计造假行为	企业会计核算和信息披露的真实性、公允性明显增强，会计信息质量整体上得到进一步提升
2008	个别上市公司存在违规核算收入和成本、操纵利润和粉饰业绩等问题	公允价值运用没有出现明显偏差，上市公司会计信息基本真实、公允
2009	部分企业执行《中华人民共和国会计法》和企业会计准则不到位，在内部控制、财务管理和会计核算等方面存在不同程度的问题：内部控制和财务管理制度不健全；执行会计准则不力；虚增资产和收入规模；粉饰财务报表、信息披露不充分；财务人员业务素质不高	大部分企业建立了有效的内控体系，较好地执行了《中华人民共和国会计法》和企业会计准则
2010	部分企业执行《中华人民共和国会计法》和企业会计准则不到位，在内部控制、会计核算、缴纳税款等方面存在不同程度的问题：未有效执行会计准则、财务管理不规范、会计基础工作较薄弱、信息披露不充分；部分房地产企业销售收入不实、多计成本费用、少缴或迟缴税款；部分国有及国有控股企业有意粉饰财务报表	大部分企业内部控制体系健全有效，较好地执行了《中华人民共和国会计法》和企业会计准则，会计核算较为规范，会计信息质量逐步提高

资料来源：依据《中华人民共和国财政部会计信息质量检查公告》整理。

表 3-5 对会计信息检查违法违规进行处罚的情况做了统计。由表 3-5 可以看出，2007~2010 年因会计违规受到处罚的单位呈现逐年递增的趋势，由 2007 年的 1092 家企业和单位受到处罚增加到 2010 年的 6293 家。每一年的递增百分比分别为 330.5%、3.1%、29.9%。对于这些财务造假企业和单位给予了调账、罚款等处罚。处罚的金额 2008 年最高，共有 5596 万元；2007 年最少，共有 2152 万

元。2007~2010 年，每家企业平均受处罚的金额分别为 1.97 万元、1.19 万元、0.78 万元、0.56 万元，其均值为 1.125 万元。企业因财务数据失真查补的税款在 2007 年最高，达到 10.7 亿元；2009 年最少，为 5.95 亿元。2007~2010 年，每家企业平均补缴的税款金额分别为 97.9 百万元、21.8 百万元、12.3 百万元、10.2 百万元，其均值为 35.55 百万元。这一数据表明企业因财务造假少缴的税款数量巨大。对于财务质量问题的直接负责人处以了罚款、吊销会计从业资格证书等处罚。受到处罚的直接责任人 2008 年最多，达到 425 人；2009 年最少，为 33 人，平均每年为 198 人。这一数据与受到处罚的企业数目相比较之后可以发现，每 21 家企业或单位即有 1 位直接责任人受到处罚。除了对直接责任人进行处罚之外，还将部分违法违规较严重的企业单位移送有关主管部门和司法机关予以处理。被移送的企业数 2008 年最高，为 592 家；2010 年最少，为 73 家；其均值为 249 家。这一数据与受到处罚的企业数目相比较之后可以发现，每 17 家企业或单位中即有 1 家因会计信息质量问题被移送主管部门和司法机关。从财政部对企业财务状况检查的结果和处理的情况可以看出，我国企业的财务问题还是比较严重的，特别是从处罚的数量和程度来看，我国企业单位会计信息质量不高是一个普遍的现象，有必要进一步提高。

表 3–5　会计违规处罚情况统计

年　度	处罚单位数（家）	处以罚款（单位：万元）	查补税款（单位：亿元）	处罚直接责任人数（人）	移送主管部门和司法机关单位数（家）
2007	1092	2152	10.7	267	145
2008	4701	5596	10.26	425	592
2009	4843	3778.75	5.95	33	188
2010	6293	3493.13	6.44	62	73

资料来源：依据《中华人民共和国财政部会计信息质量检查公告》整理。

第四章　会计信息质量与企业投资效率

第一节　会计信息质量与企业投资效率概述

在新古典经济框架下，企业的投资是和最优化、最大化联系在一起的。但现实世界中存在着许多扭曲性因素使得公司资本错误配置。其中，最常见和最重要的扭曲性因素是信息不对称和代理问题（Bushman、Smith，2001；Stein，2003）。一方面，若管理层代表公司现有股东的利益，管理者对投资项目盈利能力的私人信息和投资信号的不确定性将会引致无效率的公司投资行为，如信息不对称引起的投资不足现象（Kanodia、Lee，1998）；另一方面，若考虑所有权和控制权分离引起的代理问题，管理者可能会因拥有自由现金流而过度投资以享受私人利益（Jensen、Meckling，1976）。张功富和宋献中（2009）通过对我国上市公司投资现状的实证度量发现，非效率投资在我国普遍存在。会计信息由于其治理和定价功能，被认为是缓解公司中代理问题和信息不对称的主要机制之一。Leuz 和 Verrecchia（2000）的研究认为会计信息作为一种有效减少信息不对称的制度安排，高质量的会计信息必将减少企业和债权人之间的信息不对称，提高投资效率。在我国，随着市场化进程的深入和其他金融基础设施的完善，资本市场从制度建设、监管力度和投资主体构成等都发生了很大的变化，上市公司和投资者的内在需求都使得供求的高质量会计信息均衡度不断提高。那么我国上市公司的会计信息质量现状如何，这些会计信息对企业的投资效率发挥着怎样的作用？本章将对上述问题进行深入研究，为会计信息质量在我国企业中所起到的治理作用提供经验证据。

本章借鉴 Richardson（2006），辛清泉、林斌和王彦超（2007）所采用的模型构造出自由现金的过度投资的计量，并且构建以会计稳健性、盈余激进度、盈余平滑度和盈余质量为替代变量的会计信息质量体系，以 2009~2011 年我国 A 股上市公司为样本，实证考察我国上市公司的会计信息质量对企业投资效率的影响状况。研究发现，高质量的会计信息有效地改善了企业的投资不足及投资过度，提升了企业的投资效率。

本章的研究对已有的文献构成了以下几点发展：第一，以投资失效作为投资效率的表征，直接检验了会计信息质量与投资效率的相关性，为企业投资效率的改善途径提供了经验证据；第二，通过构建包含正向指标（会计稳健性）与负向指标（盈余激进度、盈余平滑度和低的盈余质量）的会计信息质量体系，从多角度检验会计信息在企业中发挥的作用，为会计信息对企业投资效率的提升作用提供进一步的证据，为企业合理做出会计信息决策提供了理论依据。

第二节　文献回顾与研究假说

导致企业资本投资失效的最广泛和最重要的因素是，企业内部人与资本市场的信息不对称导致的融资约束，及管理者与股东利益的不一致引发的代理问题（Stein，2003）。前一个因素会导致投资的不足，而后一个因素会导致投资的过度

(Xu 等，2011)。企业作为一组契约的组合，是各种利益相关方通过隐性或显性的契约联结在一起的利益混合体。在各种契约关系中，委托人与代理人之间的代理契约关系无疑是最为关键的问题。委托—代理的核心是信息不对称，而会计是信息优势方向信息劣势方传递信号的一种手段，而且是符合成本效益原则的手段之一（Scott，2003）。因此，会计数据自然而然地成为代理契约签订和执行的基础信息，从而为缓解委托—代理问题而服务。为公司治理服务成为会计信息的一个重要目标（Watts、Zimmerman，1983；李明辉，2008）。高质量的会计信息能够提高投资者对公司的估计精确度，降低信息风险和投资者的估计偏误，通过改善契约和监督，降低道德风险和逆向选择，从而提高企业投资效率（Biddle、Hilary，2006；Biddle 等，2009）。

一、会计稳健性与企业投资效率

会计稳健性指会计对好消息（收入）的确认要严于对坏消息（损失）的确认(Basu，1997)。会计稳健性是高质量会计信息的重要表征，并且是一项重要的契约监督机制和公司治理机制（Watts，2003）。损失的及时确认能够降低市场对企业价值认可的不确定性（Lambert 等，2007；Suijs，2008)，因此，稳健的会计信息会减轻股票价格的波动性，进而降低权益融资成本。会计稳健性也能通过红利的途径减弱股东—债权人之间的冲突：在更加稳健的会计信息下，债权人基于降低了的股东红利的超额支付，会愿意接受更低的债务回报（Ahmed 等，2002)。因此，会计稳健性通过显著的信号作用，改善管理者与外部资金提供者之间的信息不对称（Lara 等，2011)，降低企业债权与股权的融资成本，从而减轻融资约束，改善投资不足。另外，会计的稳健性需要对损失及时确认，使管理者意识到他们不能将投资决策的收益结果递延到下一任管理者，因而不得不承担他们任期内决策的后果。这样会限制管理者对净现值为负的项目的投资，降低管理者“帝国建造”策略的可能性（Ball、Shivakumar，2005)。因此，会计稳健性通过损失的及时确认削弱管理者的权力并且加强对其的监督，降低代理成本（Ahmed、Duellman，2007；Lara 等，2009），改善投资过度。

Lara 等（2011）运用美国上市公司的数据进行研究，认为会计稳健性与投资过度和投资不足之间存在负相关关系。杨丹等（2011）以我国上市公司作为对象，从资产减值的角度研究会计稳健性，发现资产减值准备的计提会对企业过度投资产生抑制作用，但会导致企业投资不足。王宇峰和苏逶妍（2008）对我国上市公司进行研究，发现会计稳健性有助于在投资机会下降时削减投资；但不能证明在投资机会上升时，会计稳健性对投资效率的作用。

基于以上分析，我们可以提出以下假设：

假设 4-1：在我国企业里，会计稳健性能有效改善企业的投资不足或投资过度，提升企业的投资效率。

二、盈余激进度与企业投资效率

盈余激进度是与会计稳健性相对的一个概念，指企业延缓确认损失而加快确认收入的倾向。应计会计为管理当局通过应计项调节盈余提供了空间。在一般情况下，管理当局通常存在高估盈余的动机，因此盈余激进度通常被用于衡量管理者操纵盈余的动机和程度，较高的盈余激进度通常会导致会计信息质量的下降（Bhattacharya 等，2003）。在我国，企业为了增发、配股普遍存在调高盈余的动机。陈汉文和郑鑫成（2004）的研究表明，中国上市公司平均而言通过操纵应计项进行了正的盈余管理，而且证券市场对可操控性应计利润做出了价格反应。激进的会计盈余会加剧资金提供者与管理者之间的信息不对称，加大两者之间的不信任，降低投资意愿或放债意愿，增强了企业的融资约束（曾颖、陆正飞，2006），从而恶化了企业的投资不足。同时，盈余激进度的存在也会减弱外部投资者对企业的监督（张纯、吕伟，2009），减弱对管理者普遍存在的过度自信心理的约束（Goel、Thakor，2008），从而增加管理者"帝国建造"策略的可能性，加剧企业的投资过度。

基于以上分析，我们可以提出以下假设：

假设 4-2：在我国企业里，盈余激进度会加剧企业的投资不足或投资过度，降低企业的投资效率。

三、盈余平滑度与企业投资效率

盈余平滑度是一定期间内上市公司盈余和现金流的相关程度，Bhattacharya 等（2003）将其定义为公司应计项的变化与相应年份现金流变化的相关系数，并且认为，应计项与现金流之间不相匹配（即两者相关系数接近于零）是上市公司的常见现象，如果两者变化的方向不一致，且两者相关系数的绝对值很大，则很有可能是上市公司在利用两者差异进行盈余的平滑。管理者通过盈余平滑故意隐藏业绩的波动，平滑真实收益的变化，向外界展示企业稳定的一面。在我国，现金流量表也是盈余管理的对象，应计项与现金流之间完全匹配（即两者相关系数为正且绝对值很大），可能是上市公司为了打造良好形象同时操作三张财务报表的结果，一定程度上是上市公司盈余管理程度高的表现。企业的盈余平滑度导致上市公司与外界资金提供者之间的信息不对称程度加大，增强了企业的融资约束，恶化了企业的投资不足，也进一步加大了管理者与投资者之间的代理问题，加剧了企业的投资过度。

基于以上分析，我们可以提出以下假设：

假设 4-3：在我国企业里，盈余平滑度会加剧企业的投资不足或投资过度，降低企业的投资效率。

四、会计盈余质量与企业投资效率

财务信息的质量等同于可证实的盈余（Penman，2003），会计盈余成为会计信息的一个重要组成部分。Sloan（1996）认为应计质量代表了盈余质量。Dechow 和 Dichev（2002）将盈余质量定义为应计项和现金流量之间的关系，即当应计转化为现金流的程度越大，企业的盈余质量越高，相反，则盈余质量就越差。盈余质量越高表明企业的财务数据越真实，越客观反映了企业实际的盈余水平，因此能够向投资者反映更加真实的信息，降低了管理者和资金提供者之间的信息不对称，从而能够缓解企业的投资不足。同时，高质量的盈余信息能够有助于准确确定资产收益或分布系数（Clarkson 等，1996），使得管理者的投资更加高效，从而降低了管理者失败投资的可能性，改善了企业的过度投资。

基于以上分析，我们可以提出以下假设：

假设 4-4：在我国企业里，低的盈余质量会加剧企业的投资不足或投资过度，降低企业的投资效率。

第三节 研究设计

一、变量的选取及度量

1. 投资效率的度量

目前实证研究特定企业资本投资效率指标的方法主要包括边际 Tobin'Q 模型、Wurgler（2000）模型和 Richardson（2006）模型。Richardson（2006）模型具有能直接度量特定公司和年度投资效率的优势，且运用截面数据回归能较好地避免边际 Tobin'Q 和 Wurgler（2000）模型估算样本的幸存性偏见。大量学者运用 Richardson（2006）模型研究会计信息质量、薪酬契约等对企业投资效率的影响（Biddle 等，2009；辛清泉等，2007）。因此，我们借鉴 Richardson（2006）

的研究，采用模型（4-1）先估算出企业正常的资本投资水平，然后用企业实际的资本投资水平与估算的资本投资水平之差，即回归残差代表企业的投资过度程度（残差>0）或投资不足程度（残差<0）。

$$Invest_{i,t}=\beta_0+\beta_1Grow_{i,t-1}+\beta_2Invest_{i,t-1}+\beta_3LEV_{i,t-1}+\beta_4Cash_{i,t-1}+\beta_5Age_{i,t-1}+\beta_6RET_{i,t-1}+\beta_7Size_{i,t-1}+\sum Year+Industry+\varepsilon \tag{4-1}$$

其中，Invest 采用的是企业投资支出与期初资产面值的比例。企业的投资支出主要包括固定资产和无形资产购建支出、企业研究与开发支出、广告支出以及公司并购支出。考虑企业并购支出的非持续性，本书衡量资本支出主要采用企业固定资产、无形资产和其他长期资产投资支出。Grow 代表企业增长机会，我们用同比销售增长率表示；LEV 代表企业财务杠杆，等于当年末短期借款、一年内到期的长期负债、长期借款、应付债券和长期应付款之和除以年末股东权益的市场价值；Cash 代表现金持有比例，用现金额 / 期初总资产表示；Age 代表上市时间，用首次公开募股（以下简称 IPO）年度到上年末为止的年数表示；RET 代表当年 5 月到次年 4 月以月度计算的股票年回报率；Size 代表当年年末权益市值（万元）的自然对数；Year 和 Industry 分别代表年度变量和行业变量，以充分考虑年度效应和行业效应。计算出的残差值大于零用 OverInv 表示，残差值小于零取绝对值用 UnderInv 表示，OverInv 和 UnderInv 的值越大，过度投资或投资不足的程度越严重，即投资效率越低。

2. 会计稳健性的度量

国内关于稳健性的研究大多采用 Basu（1997）模型计量会计稳健性。但 Basu 模型存在需要较长时间序列等缺陷（Ball、Shivakumar，2005），Khan 和 Watts（2009）在 Basu 模型的基础上，构造了计算公司——年层面上度量会计稳健性的方法，C_Score，并且实证证明了这一度量指标反映了前人文献提及的会计稳健性的特征。参考他们的设计，我们采取如下步骤计算上市公司（不含金融业）公司——年层面上的会计稳健性 C_Score。C_Score 的值越大表示会计稳健性程度越高。

首先采用回归模型（4-2）：

$$X_i=\beta_1+\beta_2 D_i+\alpha_1 RET_i+\alpha_2 Size_i RET_i+\alpha_3 M/B_i RET_i+\alpha_4 LEV_i RET_i+\gamma_1 D_i RET_i$$
$$+\gamma_2 Size_i D_i RET_i+\gamma_3 M/B_i D_i RET_i+\gamma_4 LET_i D_i RET_i+\theta_1 Size_i$$
$$+\theta_2 M/B_i+\theta_3 LET_i+\theta_4 Size_i D_i+\theta_5 M/B_i D_i+\theta_6 LEV_i D_i+\varepsilon \tag{4-2}$$

其中的变量定义如下：X 是净利润除以上年末股东权益的市值；D 是虚拟变量，如果 RET 小于 0，则取值为 1，否则为 0；M/B 是当年末每股股价除以每股账面净资产；其他变量的定义同模型（4-1），不再赘述。

在得到各年各个变量的回归系数后，再通过估计得到的 γ_1、γ_2、γ_3、γ_4 和各公司各年的 Size、M/B 和 LEV 计算各个公司各年的会计稳健性 C_Score，如模型（4-3）所示：

$$C\_Score=\gamma_1+\gamma_2 Size+\gamma_3 M/B+\gamma_4 LEV \tag{4-3}$$

3. 盈余激进度的度量

关于盈余激进的测量，本书主要从盈余管理角度计量盈余激进。在盈余管理方面，基于 Jones 模型的操控性应计利润得到了广泛使用。我们使用的是操控性应计利润的绝对值。

为计算该变量，我们首先以各年所有的 A 股公司为样本，计算各公司各年的总应计利润 TA_t，TA_t=（t 年营业利润－t 年经营现金流量）/A_{t-1}，然后分年度、分行业对模型（4-4）进行回归：

$$\frac{TA_t}{A_{t-1}}=\alpha_0+\alpha_1\left(\frac{1}{A_{t-1}}\right)+\alpha_2\left(\frac{\Delta RET_t}{A_{t-1}}\right)+\alpha_3\left(\frac{PPE_t}{A_{t-1}}\right)+ROA_t+\varepsilon_t \tag{4-4}$$

其中，A_{t-1} 为公司 t-1 年末总资产，ΔRET_t 为 t 年度主营业务收入的改变量，PPE_t 为 t 年末固定资产价值，ROA_t 为 t 年的总资产收益率，ε_t 为误差项。通过分年度回归，然后以其残差的绝对值作为操控性应计利润的衡量，便得到操控性应计利润，记为|ACCA|。|ACCA|越大，则盈余激进越显著，盈余质量越低。其中 Δ 项代表的是本年度与上年度的差值，其他项目为该年度的值。

4. 盈余平滑度的度量

应计利润法认为，公司的盈利来自于两部分：一部分是实现现金流入的经营活动产生的现金净流量（Cash from Operation）；另一部分是对现金流量的会计调整，称为总体应计部分（Total Accruals）。由于经营现金流量一般与公司销售和收款政策等密切相关，与会计选择的关系不大，所以经营现金流量的可操控性不强，而应计利润项目相对弹性较大，因此盈余管理主要通过调整应计利润来实现。由于操纵各种应计项进行盈余管理最为灵活和常见，数据也较容易取得，因而在实证中多以应计项作为研究盈余管理的对象。

我们定义公司在年度的应计项如模型（4–5）所示：

$$AC_{kt}=(\Delta\text{流动资产}-\Delta\text{货币现金}-\Delta\text{短期投资}-\Delta\text{一年到期长期债券})-(\Delta\text{流动负债}-\Delta\text{短期借款}-\Delta\text{未付股利}-\Delta\text{应付所得税}-\Delta\text{一年到期长期负债})-(\text{固定资产折旧}-\Delta\text{固定资产清理}-\text{无形资产摊销}-\text{财务费用}+\text{投资收益}) \quad (4\text{–}5)$$

其中Δ项代表的是本年度与上年度的差值，其他项目为该年度的值。

盈余平滑度是指上市公司报告盈余与真实收益间的关系，描述了上市公司收益波动偏离真实收益波动的程度（Leuz 等，2003）。盈余平滑是指通过对应计利润的调整以补偿经营性现金流量的变化，以至于即使经营性现金流量每年变化较大，而收入不会有较大的变化。早期有学者提出一个比较模糊的概念，认为收入平滑可以用应计利润的变化和经营性现金流量的变化的相关性来衡量，也就是说，收入越平滑则净收入的变化相对越小，应计利润和经营性现金流量的相关性越低或者负相关。Bhattacharya 等（2003）将其定义为公司应计项的变化与相应年份现金流变化的相关系数，并且认为，应计项与现金流之间不相匹配（即两者相关系数接近于零）是上市公司的常见现象，如果两者变化的方向不一致，且两者相关系数的绝对值很大，则很有可能是上市公司在利用两者差异平滑盈余。

综合上述理论，本书定义的盈余平滑度为|Smooth|（即 Smooth 值取绝对值），计算式如模型（4–6）所示：

$$Smooth_t = Correl\ (\Delta AC_{kt},\ \Delta CFO_{kt}) \tag{4-6}$$

ΔAC_{kt} 表示本年度与上年度应计利润的差额，ΔCFO_{kt} 表示本年度与上年度经营性现金流量的差额。

5. 会计盈余质量的度量

DD 模型被广泛用来度量盈余质量。DD 模型通过度量应计利润与现金流量之间的差异来反映会计盈余的质量，如果应计利润偏离现金流量的程度越大，会计盈余的质量越差。一般 DD 模型运用时间序列计算出模型回归的残差，对其求出的标准差作为盈余质量的度量。由于本书研究的需要，选取的数据的时间较短，因此采用时间序列会影响到研究的准确性。本书采用截面回归模型的残差的绝对值，作为对盈余质量的度量，用|Acq|表示。|Acq|的值越大，表明会计盈余的质量越差。其计算式如模型（4–7）所示：

$$TCA = b_0 + b_1 CFO_{t-1}/Asset_t + b_2 CFO_t/Asset_t + b_3 CFO_{t+1}/Asset_t + e \tag{4-7}$$

其中 TCA 指总应计利润，用（营业利润－经营活动现金流）/平均总资产的值来表示，CFO 的定义同盈余平滑度计算式，Asset 采用平均总资产。

6. 控制变量

在总结相关文献的基础上，结合我国上市公司的具体情况，我们选取主要的与企业投资相关的成长机会（Grow）、企业规模（Size）、盈利能力（ROA）、财务杠杆（LEV）等变量作为检验模型的主要控制变量。

二、实证设计

为了避免被解释变量与解释变量间潜在的同期性偏见，解释变量采用滞后一期的数值来建立计量检验模型，如模型（4–8）~ 模型（4–11）所示：

$$|I| = \alpha_0 + \alpha_1 C\_Score_{t-1} + \alpha_2 Grow_{t-1} + \alpha_3 Size_{t-1} + \alpha_4 LEV_{t-1} + \alpha_5 ROA_{t-1} + \sum Year + Indu + \varepsilon \tag{4-8}$$

$$|I| = \alpha_0 + \alpha_1 |ACCA|_{t-1} + \alpha_2 Grow_{t-1} + \alpha_3 Size_{t-1} + \alpha_4 LEV_{t-1} + \alpha_5 ROA_{t-1} + \sum Year + Indu + \varepsilon \tag{4-9}$$

$$|I| = \alpha_0 + \alpha_1 |Smooth|_{t-1} + \alpha_2 Grow_{t-1} + \alpha_3 Size_{t-1} + \alpha_4 LEV_{t-1} + \alpha_5 ROA_{t-1} + \sum Year + Indu + \varepsilon \tag{4-10}$$

$$|I| = \alpha_0 + \alpha_1 |Acq|_{t-1} + \alpha_2 Grow_{t-1} + \alpha_3 Size_{t-1} + \alpha_4 LEV_{t-1} + \alpha_5 ROA_{t-1} + \sum Year + Indu + \varepsilon \tag{4-11}$$

其中，I 分别代表 OverInv 和 UnderInv。

三、样本选取和数据来源

本书的所有财务数据均来自于深圳国泰安公司的中国资本市场会计研究（CSMAR）数据库以及北京大学中国经济研究中心（CCER）经济金融数据库。由于现行的会计准则于 2007 年开始实施，为了计量会计信息质量的准确性，本书采用在沪深交易所上市的全部 A 股企业 2007~2011 年有关财务方面的数据。因为计算各年的盈余激进度、盈余平滑度、盈余质量和投资异化程度数值的时候需要用到滞后一期的数据，同时为了避免检验相关变量时的内生性问题，在建立检验回归模型时，需要使用各检验变量滞后一期的数据，因此，我们最终的研究样本是基于 2009~2011 年的上市公司的数据。我们同时按照以下原则对样本进行了筛选：①剔除 ST 和 *ST 公司。由于这类公司被特别处理，其会计稳健性的值会比较异常，影响研究的效果，予以剔除。②剔除金融类上市公司。这样处理主要基于这类公司在资产负债率等方面的特殊性。③剔除主要财务指标数据缺失的上市公司。④剔除其他一些控制变量数据不完备的公司。经过上述程序，我们最终获得了 3656 个观测值。为了剔除异常值，所有回归模型变量均在样本 1%和 99%分位数处做了 WINSORIZE 处理。

四、各主变量模型回归结果

1. 投资效率计算模型回归系数

投资效率计算模型回归系数见表 4-1。

表 4-1 资本投资模型的回归系数

变 量	系 数	T 值
Intercept	-0.015915	-0.998198
Grow	-0.000054	-0.493796
Cash	0.005528	0.950876
LEV	-0.15855***	-3.470143
Size	0.002431***	3.292091
Age	-0.000514**	-2.643696
$Invest_{t-1}$	0.498173***	40.70504
RET	0.003576***	4.425479
Year	控制	
Industry	控制	
N	2387	
Adj. R^2	0.324	
F	13.832***	

注：左下角表示的是 Pearson 检验的结果，右上角是 Spearman 检验的结果；***、**、* 分别表示在 1%、5%、10% 水平上显著。

2. 会计稳健性模型各年平均回归系数

会计稳健性模型各年平均回归系数见表 4-2。

表 4-2 会计稳健性模型各年的平均回归系数和 T 值

变 量	平均系数	T 值
Intercept	0.0054**	2.156
D	-0.0031	-0.721
RET	-0.3842***	-5.468
RET*Size	0.1786***	5.666
RET*M/B	-0.0012***	-3.036
RET*LEV	-0.0082	-0.476
D*RET	0.8914***	5.104

续表

变 量	平均系数	T 值
D*RET*Size	-0.0410***	-5.349
D*RET*M/B	0.0052**	2.185
D*RET*LEV	0.0636*	1.707
N	2387	
Adj.R^2	0.12971	
F	13.53792***	

注：左下角表示的是 Pearson 检验的结果，右上角是 Spearman 检验的结果；***、**、* 分别表示在 1%、5%、10% 水平上显著。

3. 盈余激进度模型回归系数

盈余激进度模型回归系数见表 4-3。

表 4-3 盈余激进度模型回归系数和 T 值

变 量	平均系数	T 值
Intercept	0.0001***	5.292
1/A	-0.330***	-10.895
RET/A	-0.103***	-3.345
PPE/A	-0.120***	-3.684
ROA	0.263***	8.522
N	2387***	
Adj.R^2	0.1896	
F	27.3773***	

注：左下角表示的是 Pearson 检验的结果，右上角是 Spearman 检验的结果；***、**、* 分别表示在 1%、5%、10% 水平上显著。

第四节 实证检验结果及分析

一、描述性统计与相关性检验

首先对各年份企业投资效率情况进行统计，如表 4-4 所示。

表 4-4 各年份观测值分布

单位：家

年份	2009		2010		2011		合计	
项目	投资过度	投资不足	投资过度	投资不足	投资过度	投资不足	投资过度	投资不足
数量	394	740	443	766	432	881	1269	2387

由表 4-4 可知，投资不足企业的数量多于投资过度企业的数量，占到总体样本的 65.3%，并呈现逐年上升的趋势，可见投资不足是我国上市公司的普遍现象。

进一步，区分投资不足样本和投资过度样本，分别对模型中的各变量进行描述性统计，如表 4-5 和表 4-6 所示。

表 4-5 投资不足样本的描述统计结果

	N	极小值	极大值	均值	中值	标准差
|UnderInv|	2387	0.0001	0.970	0.044	0.041	0.035
C_Score	2387	-0.272	0.385	0.044	0.044	0.079
|ACCA|	2387	0	1.248	0.221	0.175	0.205
|Smooth|	2387	0	0.999	0.631	0.705	3.123
|Acq|	2387	0	0.416	0.043	0.055	0.046
Grow	2387	-0.986	149.1	0.307	0.089	3.602
ROA	2387	-0.558	0.429	0.035	0.031	0.064
LEV	2387	0.018	0.995	0.489	0.497	0.189
Size	2387	18.616	26.352	21.450	21.360	1.048

表 4-6 投资过度样本的描述统计结果

	N	极小值	极大值	均值	中值	标准差
OverInv	1269	0.0001	1.641	0.088	0.052	0.125
C_Score	1269	-0.284	0.260	0.029	0.025	0.077
|ACCA|	1269	0	1.248	0.211	0.179	0.171
|Smooth|	1269	0	0.999	0.739	0.872	2.919
|Acq|	1269	0	0.418	0.044	0.054	0.046
Grow	1269	-0.895	62.01	0.432	0.174	2.153
Roa	1269	-0.247	1.991	0.052	0.042	0.089
LEV	1269	0.047	0.957	0.518	0.535	0.167
Size	1269	18.497	27.81	21.76	21.62	1.241

企业投资不足样本的均值（中值）为 0.044（0.041），企业过度投资样本的

均值（中值）为 0.088（0.052），表明虽然投资不足的企业数量更多，但过度投资的程度更严重。在投资不足样本中的会计稳健性的均值（中值）为 0.044（0.044），在投资过度样本中的会计稳健性的均值（中值）为 0.029（0.025），表明投资不足企业中会计信息的质量更稳健。在投资不足样本中的盈余激进度的均值（中值）为 0.221（0.175），在投资过度样本中的盈余激进度的均值（中值）为 0.211（0.179），表明不管是投资不足还是投资过度企业的盈余激进度都比较严重。在投资不足样本中的盈余平滑度的均值（中值）为 0.631（0.705），在投资过度样本中的盈余平滑度的均值（中值）为 0.739（0.872），表明投资过度企业中的盈余平滑更严重。

最后，分投资不足样本和投资过度样本，对各变量之间的相关关系进行 Pearson 与 Spearman 检验。结果如表 4–7 与表 4–8 所示。

表 4–7　投资不足样本的 Pearson 与 Spearman 相关系数

	|UnderInv|	C_Score	|ACCA|	|Smooth|	|Acq|	Size	Grow	ROA	LEV
|UnderInv|	1	−0.016**	0.016**	0.035**	0.067**	−0.074**	0.181**	0.067**	0.082**
C_Score	−0.038**	1	0.027	−0.018	0.017	0.072**	0.020	0.378**	0.179**
|ACCA|	0.078**	−0.017	1	0.038	−0.023	0.065**	0.041	0.041	0.001
|Smooth|	0.035**	−0.042	0.045	1	−0.004	−0.023	0.029	0.027	0.007
|Acq|	0.042	0.050	0.004	−0.006	1	−0.051*	−0.015	0.001	−0.032
Size	−0.087**	0.068**	0.036	−0.033	−0.104**	1	0.040	0.094**	0.331**
Grow	0.107**	0.149**	0.176**	0.031	0.035	0.000	1	0.302**	0.114**
ROA	0.111**	0.471**	0.036	−0.003	0.000	0.076**	0.010	1	−0.343**
LEV	0.075**	0.214**	0.099**	0.004	−0.064**	0.315**	0.059*	−0.339**	1

注：左下角表示的是 Pearson 检验的结果，右上角是 Spearman 检验的结果；***、**、* 分别表示在 1%、5%、10%水平上显著。

表 4–8　投资过度样本的 Pearson 与 Spearman 相关系数

	OverInv	C_Score	|ACCA|	|Smooth|	|Acq|	Size	Grow	ROA	LEV
OverInv	1	−0.002**	0.004**	0.083***	0.036	.253**	−0.069*	−0.108**	0.121**
C_Score	−0.005**	1	−0.014	0.015	0.012	0.048**	0.254**	0.505**	0.272**
|ACCA|	0.052***	−0.049	1	−0.042	0.025	0.075*	−0.063	−0.028	−0.067
|Smooth|	0.084***	0.017	−0.007	1	0.011	−0.027	0.039	0.087*	0.007
|Acq|	0.017	0.021	0.038	0.002	1	−0.009	−0.066	−0.055	−0.014

续表

	OverInv	C_Score	|ACCA|	|Smooth|	|Acq|	Size	Grow	ROA	LEV
Size	0.205**	0.055**	0.056	-0.032	0.014	1	0.115**	0.055	0.320**
Grow	-0.046	0.134**	0.059	0.061	-0.034	0.037	1	0.306**	0.108**
ROA	-0.142**	0.485**	-0.010	0.060	-0.033	0.026	0.193**	1	-0.348**
LEV	0.096**	0.253**	-0.004	-0.014	-0.003	0.306**	0.056	-0.335**	1

注：左下角表示的是 Pearson 检验的结果，右上角是 Spearman 检验的结果；***、**、* 分别表示在 1%、5%、10% 水平上显著。

结果显示，以会计稳健性作表征的高质量的会计信息，与投资不足及投资过度负相关；而分别以盈余激进度和盈余平滑度作表征的低质量的会计信息，均与投资不足及投资过度正相关。这初步表明，高质量的会计信息有助于缓解企业投资不足和投资过度问题。无论是投资不足样本还是投资过度样本，解释变量间相关系数都较低，意味着样本不存在多重共线性，但具体的结果还需要进行进一步的分析。

二、回归结果分析

表 4-9 至表 4-12，分别列示的是以投资不足和投资过度作为被解释变量，以会计稳健性、盈余激进度、盈余平滑度和盈余质量为表征的会计信息质量作为解释变量的回归结果。

表 4-9 会计稳健性与企业投资效率的回归结果

	投资不足样本	投资过度样本
CONSTANT	0.030***（3.259）	0.515（0.288）
C_Score_{t-1}	-0.133***（-6.062）	-0.318**（-2.095）
$Grow_{t-1}$	0.109***（3.813）	0.013（0.677）
ROA_{t-1}	0.043**（2.148）	-0.495*（-1.884）
LEV_{t-1}	0.544***（2.823）	-0.027（-0.434）
$Size_{t-1}$	-0.071**（-2.077）	0.369***（5.822）
Year	控制	控制
Industry	控制	控制
N	2387	1269

续表

	投资不足样本	投资过度样本
Adj.R^2	0.167	0.228
F	48.723***	19.538***

注：各个回归变量的 VIF 都小于 5，不存在多重共线性问题；***、**、* 分别表示在 1%、5%、10% 水平上显著。

表 4–10　盈余激进度与企业投资效率的回归结果

	投资不足样本	投资过度样本
CONSTANT	1.717***（6.308）	−0.379***（−4.543）
$\|ACCA\|_{t-1}$	0.155**（2.478）	0.029*（1.651）
$Grow_{t-1}$	0.011***（3.108）	−0.004（−0.628）
ROA_{t-1}	1.404***（5.033）	−0.277***（−4.803）
LEV_{t-1}	0.486***（5.773）	−0.006（−0.295）
$Size_{t-1}$	−0.061***（−4.622）	0.021***（6.680）
Year	控制	控制
Industry	控制	控制
N	2387	1269
Adj.R^2	0.299	0.292
F	28.800***	12.750***

注：各个回归变量的 VIF 都小于 5，不存在多重共线性问题；***、**、* 分别表示在 1%、5%、10% 水平上显著。

表 4–11　盈余平滑度与企业投资效率的回归结果

	投资不足样本	投资过度样本
CONSTANT	1.729***（6.309）	−0.357***（−4.241）
$\|Smooth\|_{t-1}$	0.021*（1.621）	0.023**（2.156）
$Grow_{t-1}$	0.012***（3.562）	−0.004（−0.631）
ROA_{t-1}	1.456***（5.229）	−0.270***（−4.683）
LEV_{t-1}	0.508***（6.054）	−0.004（−0.220）
$Size_{t-1}$	−0.061***（−4.626）	0.021***（6.524）
Year	控制	控制
Industry	控制	控制
N	2387	1269
Adj.R^2	0.196	0.194
F	28.050***	13.013***

注：各个回归变量的 VIF 都小于 5，不存在多重共线性问题；***、**、* 分别表示在 1%、5%、10% 水平上显著。

表 4-12 盈余质量与企业投资效率的回归结果

	投资不足样本	投资过度样本
CONSTANT	0.003（0.009）	-0.138*（-1.777）
$\|Acq\|_{t-1}$	0.987***（3.169）	0.002*（1.727）
$Grow_{t-1}$	-0.005（-1.448）	-0.003（-0.593）
ROA_{t-1}	0.471*（1.639）	-0.310***（-4.562）
LEV_{t-1}	0.000（0.004）	-0.069***（-3.190）
$Size_{t-1}$	0.038**（2.696）	0.023***（6.330）
Year	控制	控制
Industry	控制	控制
N	2387	1269
$Adj.R^2$	0.291	0.198
F	4.993***	6.701***

注：各个回归变量的 VIF 都小于 5，不存在多重共线性问题；***、**、*分别表示在 1%、5%、10% 水平上显著。

表 4-9 的结果显示，在投资不足样本组中，会计稳健性系数为负，在 1%的水平上显著；在投资过度样本组中，该系数也是为负，在 5%的水平上显著。表明，会计稳健性与企业的投资不足和投资过度均呈显著的负相关关系，说明会计稳健性能改善信息不对称，对代理问题发挥治理的作用，进而改善企业的投资不足和投资过度问题，提升企业的投资效率。假设 4-1 得证。表 4-10 中，在投资不足样本组中，盈余激进度的系数为正，并且在 5%的水平上显著；在投资过度样本组中，该系数的值也是为正，并且在 10%的水平上显著。该结果表明，盈余激进度与投资不足和投资过度均呈显著正相关关系，表明作为低质量的会计信息代表的盈余激进度加剧了企业的投资失效，降低了企业的投资效率。假设 4-2 得证。表 4-11 中，在投资不足样本组中，盈余平滑度的系数为正，并且在 10%的水平上显著；在投资过度样本组中，该系数值也为正，并且在 5%的水平上显著，该结果与盈余激进度一致。该结果表明，盈余平滑度与投资不足或投资过度均显著存在正相关关系，说明作为低质量的会计信息的代表，盈余平滑度不论在投资不足还是在投资过度样本中，均加剧了企业的投资失效，降低了企业的投资效率。假设 4-3 得证。表 4-12 中，在投资不足样本组中，盈余质量的系数为正，

并且在1%的水平上显著；在投资过度样本组中，该系数也为正值，并且在10%的水平上显著。该结果表明，盈余质量不论与投资不足还是投资过度均显著正向相关，说明盈余质量作为一个负向指标，加剧了投资不足和投资过度，低的盈余质量降低了企业的投资效率。假设4-4得证。

表4-9~表4-12显示的四个回归模型的控制变量的结果基本一致。在以会计稳健性、盈余激进度和盈余平滑度为自变量的三个模型中，成长机会（Grow）在投资样本组中系数均显著为正，而在投资过度样本中不显著，表明成长机会与企业的投资不足显著正相关。这是由于成长机会高的公司更可能由于融资约束（资金短缺）而出现投资不足。在以会计稳健性、盈余激进度和盈余平滑度为自变量的三个模型中，企业的规模（Size）在投资不足样本组中的系数显著为负，而在以会计稳健性、盈余激进度、盈余平滑度和盈余质量为自变量的四个模型中，该变量与投资过度样本组的系数显著为正，说明企业的规模与投资不足显著负相关，而与投资过度显著正相关。该结果说明企业的规模越大越容易发生投资过度，这也证实了Biddle和Hilary（2006）的相关结论。在以会计稳健性、盈余激进度、盈余平滑度和盈余质量为自变量的四个模型中，资产收益率（ROA）在投资不足样本组中的系数显著为正，而在投资过度样本组中的系数显著为负，表明资产收益率与投资不足显著正相关而与投资过度显著负相关，该结果说明我国资产收益率高的企业投资十分小心谨慎，不会盲目投资。在以会计稳健性、盈余激进度和盈余平滑度为自变量的三个模型中，资产负债率（LEV）在投资不足样本组中的系数显著为正，而在投资过度样本组中，仅有以盈余质量为自变量的模型中，资产负债率的系数显著为负，其他均不显著。说明，资产负债率与投资不足存在显著正相关关系，这是由于债权人对投资项目产生的现金流量具有优先权，当公司持有较多的债务时，债权人与股东之间的利益冲突会导致公司放弃某些净现值虽为正但不足以支付债权人本金和利息的项目，从而出现投资不足（Myers，1977）。

三、稳健性检验

为了检验以上结论是否稳健可靠，本书采用如下方法进行进一步的验证：用正的盈余激进的值替换其绝对值来进行回归分析。回归结果见表 4-13。表 4-13 显示的是盈余激进度对投资不足和投资过度的影响结果。实证结果与前文的实证结果一致，说明本章的检验结果是稳健的。

表 4-13 盈余激进度与投资效率

	投资不足样本	投资过度样本
CONSTANT	1.090**（2.236）	−0.329**（−2.196）
$ACCA_{t-1}$	0.205**（2.543）	0.068**（2.718）
$Grow_{t-1}$	0.010***（2.672）	0.016（1.551）
ROA_{t-1}	1.368***（2.736）	−0.430***（−2.744）
LEV_{t-1}	0.702***（3.697）	0.003（0.057）
$Size_{t-1}$	−0.040*（−1.686）	0.019***（3.167）
Year	控制	控制
Industry	控制	控制
N	662	264
Adj.R^2	0.293	0.291
F	12.306	5.805

注：各个回归变量的 VIF 都小于 5，不存在多重共线性问题；***、**、* 分别表示在 1%、5%、10% 水平上显著。

第五章 政治关联、会计信息质量与企业投资效率

第一节 政治关联、会计信息质量与企业投资效率概述

研究我国企业的行为，离不开制度背景因素。处于转型经济中的中国企业，政治关联是政府干预企业行为的一种重要形式。企业与政府建立的政治关联对企业的行为产生着深远的影响。政治关联被认为可以给企业带来诸多好处，如有更多的银行贷款率、更优惠的利率和税率、更多的财政补贴。但也有研究发现，政治关联对企业会产生负面影响。Shleifer 和 Vishny（1994）构建了一个行政官员与企业管理者之间博弈的模型，指出政治关联也可能扮演“掠夺之手”的角色。Ahmed（2004）的研究表明，在有政治关联的企业里会计信息透明度更低。Boubakri 等（2008）的研究表明，有政治关联企业的绩效比没有政治关联企业的绩效差。那么，在我国企业里，政府到底扮演着“掠夺之手”还是“援助之手”的角色呢？因政治关联的存在，会计信息质量对投资效率的作用是否会有所改变？这种改变是正面还是负面的呢？

本章结合我国经济新兴并处于转型时期的特殊制度背景，运用我国上市公司的经验数据实证检验了政治关联、会计信息质量与企业投资效率三者的关系。研究结果表明，政府在企业中扮演着“掠夺之手”的角色，即政治关联的存在，显著降低了高质量会计信息对投资不足和投资过度的改善作用。

本章的研究对已有的文献构成了以下几点发展：第一，将政府干预的因素引入会计信息对企业投资效率影响的机制中，拓宽了企业投资效率影响因素的研究视角；第二，通过验证政治关联在企业中的负面作用，为政府干预企业的低效性提供了证据，支持了政府是“掠夺之手”的观点，这对我国正在进行的经济转型和企业改革提供了有益的借鉴意义。

第二节 文献回顾与研究假说

Faccio（2006）将政治关联定义为公司的管理层曾经或者当时在政府部门任职、通过选举捐款获得的关系等。国内的研究多以企业家是否为人大代表、政协委员或是否有政府工作经历来衡量（罗党论、唐清泉，2009）。企业与政府的政治关联能给企业带来诸多资源，例如，一是政策性的资助。有政治关联的企业将更容易获得政府救助（Faccio 等，2006），或者获得更多的补贴收入（陈冬华，2003）。二是税收优惠。Adhikari 等（2006）通过对马来西亚的研究发现，有政治关联的企业有效税率更低。吴文峰等（2008）发现企业高管在中央或地方政府的任职经历对企业获取税收优惠存在正面影响，且税收优惠与企业的税外负担成正比。三是融资便利。国内外的学者都得出相似的结论，即有政治关联的企业外部融资约束更少，能更多地获得银行贷款和更长的贷款期限（Leuz、Felix，2006；罗党论、甄丽明，2008）。四是降低行业进入壁垒。企业的政治策略能有效帮助其进入政府管制行业（罗党论、刘晓龙，2009）。

政治关联在给企业带来多方面优势和便利的同时，也使企业因此而付出代价（Shleifer、Vishny，1994；Fan 等，2007），主要表现在以下几个方面：一是减少独立审计的信号和保险功能。政治关联会降低企业的独立审计需求（Francis 等，2005）。二是降低会计信息透明度。Ahmed（2004）的研究发现，收入不透明与有政治关联的上市公司所占的比例正相关，与有政治关联的公司所占的市值比例和法律实施程度负相关。三是降低企业价值。有政府背景的董事会以公司损失为代价追求私有目标并损害管理效率，有政治关联的企业的绩效普遍低于它们的竞争对手（Shleifer、Vishny，1998），这主要体现在企业的资产回报率（Bertrand、Mullainathan，2004）、当年及之后两年的财务状况（Faccio 等，2006）；IPO 三年之后的股价收益率、利润增长率、主营业务收入增长率、销售利润率（Fan 等，2007）等方面。四是增加无效雇佣。政治家会鼓励和迫使与其关联的企业无效雇用更多员工，以帮助其解决就业率问题（Bennedsen，2000；Zhang、Yuan，2008）。Feldmann、Bennedsen（2004）研究发现，有政治关联的企业承担了政治家过多的就业任务，人力资本过高，具有政治关联的 CEO 往往会在政治竞争比较激烈的地区创造更多工作机会，而其管理的企业则表现出更高的就业率和工厂建设率及更低的工厂破产率，在选举年且企业经营地设在政治关联所在地时，这种现象更为明显。

可见政治关联是把“双刃剑”。那么，政治关联对于信息质量对投资效率的改善作用是体现“援助之手”的一面，还是“掠夺之手”的一面呢？政治关联能够为企业提供“隐性担保”（胡旭阳，2006），从而造成一定的企业歧视，即与没有政治关联的企业相比，有政治关联的企业可以更容易以较低成本获得各种资源。例如，政治关联的“隐性担保”有助于降低贷款人对借款人事后违约的预期成本，使得银行更愿意贷款给有较高债务风险的企业（Li 等，2008；余明桂、潘红波，2008；陈运森、朱松，2009）；这种“隐性担保”也会减轻投资者对企业破产的担忧，企业能够以更高的价格和更低的成本在股票市场上获得融资（Francis 等，2009）。政治关联引致的资源优势有助于企业减轻面临的融资约束。

但也正是政治关联为企业提供的这一“隐性担保”功能，降低了资金提供各方对高透明度会计信息的需求，使政治关联企业不再需要依靠高透明度的会计信息来改善信息不对称，进而缓解企业因融资约束而导致的投资不足。另外，政治关联在带来诸多资源的同时，也会加剧管理者的代理问题（黄新建、李晓辉，2012）。当企业面临困境的时候，具有政治关联的企业更容易获得政府的帮助摆脱困境，从而导致企业的管理者出现“无畏”的过度自信心理，促使他们在投资决策时更为激进，投资一些风险高、净现值为负的项目，企业的过度投资加剧。这时，会计信息透明度缓解代理问题、改善投资过度的作用被弱化。基于以上分析，本书提出以下假设：

假设 5-1：与有政治关联的企业相比，没有政治关联的企业其高质量会计信息可以更为有效地改善投资不足。

假设 5-2：与有政治关联的企业相比，没有政治关联的企业其高质量会计信息可以更为有效地改善过度投资。

第三节　研究设计

一、变量的选取及度量

1. 投资效率的度量

投资效率度量的方法同第四章，此处不再赘述。

2. 会计信息质量的度量

本章采用一组相互对立的指标作为会计信息质量的替代变量，即一个正向指标（会计稳健性）、三个负向指标（盈余激进度、盈余平滑度和盈余质量）。会计稳健性、盈余激进度、盈余平滑度和盈余质量的度量方法同第四章。

3. 政治关联的度量

依据罗党论和唐清泉（2009）对政治关联的定义，政治关联不光指企业家有政府工作经历，还包括企业家是人大代表、政协委员或在军队任职。本章借鉴他们的定义方法，对政治关联的度量如下：若公司董事长或总经理现在或曾经在中央政府、地方政府部门、军队任职，或现在或曾经是人大代表或政协委员，则该公司具有政治关联关系。若企业有政治关联取 1；反之则取 0。

4. 控制变量

控制变量的选取与第四章相同。各变量的定义如表 5-1 所示。

表 5-1　变量定义

变量名称	变量代码	变量计算及说明
	被解释变量	
投资效率	|I|	t 年投资过度（UnderInv）或投资不足（UnderInv）的绝对值
	解释变量	
会计信息质量	C_Score_{t-1}	t-1 年的会计稳健性
	$\|ACCA\|_{t-1}$	t-1 年的盈余激进度的绝对值
	$\|Smooth\|_{t-1}$	t-1 年的盈余平滑度的绝对值
	|Acq|	t-1 年的盈余质量的绝对值
高管的政府背景	POL_{t-1}	当公司高管有政治背景时为 1，否则为 0
	控制变量	
企业成长机会	$Grow_{t-1}$	采用主营业务收入增长率作为企业投资成长性的替代变量
公司规模	$SIZE_{t-1}$	公司总资产的对数值
盈利能力	ROA_{t-1}	息税前利润/年初的总资产
财务杠杆	LEV_{t-1}	总负债/总资产
行业变量	Indu	当公司处于管制行业时为1，否则为 0
年度变量	Year	以 2009 年为基础年份，其余年份分别设置虚拟变量

二、实证设计

为了避免被解释变量与解释变量间潜在的同期性偏见，解释变量采用滞后一期的数值来建立计量检验模型，如模型（5-1）~模型（5-4）所示。

$$|I| = \alpha_0 + \alpha_1 C\_Score_{t-1} + \alpha_2 C\_score_{t-1} * POL_{t-1} + \alpha_3 POL_{t-1} + \alpha_4 Grow_{t-1} + \alpha_5 Size_{t-1} + \alpha_6 LEV_{t-1} + \alpha_7 ROA_{t-1} + \sum Year + Indu + \varepsilon \tag{5-1}$$

$$|I| = \alpha_0 + \alpha_1 |ACCA|_{t-1} + \alpha_2 |ACCA|_{t-1} * POL_{t-1} + \alpha_3 POL_{t-1} + \alpha_4 Grow_{t-1} + \alpha_5 Size_{t-1} + \alpha_6 LEV_{t-1} + \alpha_7 ROA_{t-1} + \sum Year + Indu + \varepsilon \tag{5-2}$$

$$|I| = \alpha_0 + \alpha_1 |Smooth|_{t-1} + \alpha_2 |Smooth|_{t-1} * POL_{t-1} + \alpha_3 POL_{t-1} + \alpha_4 Grow_{t-1} + \alpha_5 Size_{t-1} + \alpha_6 LEV_{t-1} + \alpha_7 ROA_{t-1} + \sum Year + Indu + \varepsilon \tag{5-3}$$

$$|I| = \alpha_0 + \alpha_1 |Acq|_{t-1} + \alpha_2 |Acq|_{t-1} * POL_{t-1} + \alpha_3 POL_{t-1} + \alpha_4 Grow_{t-1} + \alpha_5 Size_{t-1} + \alpha_6 LEV_{t-1} + \alpha_7 ROA_{t-1} + \sum Year + Indu + \varepsilon \tag{5-4}$$

其中，I 分别代表 OverInv 和 UnderInv。

三、样本选取和数据来源

数据的来源和样本数据的选取方法以及样本的处理与第四章相同，不再赘述。

第四节　实证检验结果及分析

一、描述性统计与相关性检验

首先对各年份中企业的投资效率情况及是否具有政治关联的情况进行统计，如表 5-2 所示。

表 5-2 各年份观测值分布

项目 \ 年份	2009		2010		2011		合计	
	投资过度	投资不足	投资过度	投资不足	投资过度	投资不足	投资过度	投资不足
有政治关联（家）	185	332	220	347	206	413	611	1092
无政治关联（家）	209	408	223	419	226	468	658	1295
合计（家）	394	740	443	766	432	881	1269	2387
有政治关联样本所占百分比（%）	46.95	44.86	49.66	45.3	47.68	46.88	48.15	45.75

由表 5-2 可知，总体来看，有政治关联的企业占比接近一半。依据投资效率对企业进行区分之后，发现在投资过度样本的企业中，政治关联占比相对更高；投资不足的样本企业中，虽然有政治关联的企业相对较少，但却呈现逐年上升的趋势。由此可见，我国上市公司与政府建立政治关联是一个普遍的现象，且越来越多的企业加入到这个行列中来。

接下来，分别对投资不足和投资过度样本进行描述性统计，其结果如表 5-3 和表 5-4 所示。

表 5-3 投资不足样本的描述统计结果

	N	极小值	极大值	均值	中值	标准差
|UnderInv|	2387	0.0001	0.970	0.044	0.041	0.035
POL	2387	0	1	0.46	0	0.498
C_Score	2387	−0.272	0.385	0.044	0.044	0.079
|ACCA|	2387	0	1.248	0.221	0.175	0.205
|Smooth|	2387	0	0.999	0.631	0.705	3.123
|Acq|	2387	0	0.416	0.043	0.055	0.046
ROA	2387	−0.558	0.429	0.035	0.031	0.064
LEV	2387	0.018	0.995	0.489	0.497	0.189
Size	2387	18.616	26.352	21.45	21.36	1.048

表 5-4 投资过度样本的描述统计结果

	N	极小值	极大值	均值	中值	标准差
OverInv	1269	0.0001	1.641	0.088	0.052	0.125
POL	1269	0	1	0.48	0	0. 500
C_Score	1269	−0.284	0.260	0.029	0.025	0.077
|ACCA|	1269	0	1.248	0.211	0.179	0.171

续表

	N	极小值	极大值	均值	中值	标准差
|Smooth|	1269	0	0.999	0.739	0.872	2.919
|Acq|	1269	0	0.418	0.044	0.054	0.046
ROA	1269	−0.247	1.991	0.052	0.042	0.089
LEV	1269	0.047	0.957	0.518	0.535	0.167
Size	1269	18.497	27.81	21.76	21.62	1.241

描述性统计的结果显示，投资不足样本企业的政治关联的均值为 0.46，投资过度样本企业的政治关联的均值为 0.48。投资过度企业与投资不足企业均普遍建立了政治关联。

最后，区分投资不足样本和投资过度样本，对各变量之间的相关关系进行 Pearson 与 Spearman 检验。结果如表 5–5 与表 5–6 所示。

表 5–5 投资不足样本的 Pearson 与 Spearman 相关系数

	|UnderInv|	C_Score	|ACCA|	|Smooth|	|Acq|	POL	Size	Grow	ROA	LEV
|UnderInv|	1	−0.016**	0.016**	0.035**	0.067**	−0.026	−0.074**	0.181**	0.067**	0.082**
C_Score	−0.038**	1	0.027	−0.018	0.017	0.073**	0.072**	0.020	0.378**	0.179**
|ACCA|	0.078**	−0.017	1	0.038	−0.023	−0.056*	0.065**	0.041	0.041	0.001
|Smooth|	0.035**	−0.042	0.045	1	−0.004	−0.018	−0.023	0.029	0.027	0.007
|Acq|	0.042	0.050	0.004	−0.006	1	−0.004	−0.051*	−0.015	0.001	−0.032
POL	−0.035	0.072**	−0.062*	−0.023	0.008	1	0.030	−0.005	0.069**	0.075**
Size	−0.087**	0.068**	0.036	−0.033	−0.104**	0.024	1	0.040	0.094**	0.331**
Grow	0.107**	0.149**	0.176**	0.031	0.035	0.028	0.000	1	0.302**	0.114**
ROA	0.111**	0.471**	0.036	−0.003	0.000	0.053*	0.076**	0.010	1	−0.343**
LEV	0.075**	0.214**	0.099**	0.004	−0.064**	0.076**	0.315**	0.059*	−0.339**	1

注：左下角表示的是 Pearson 检验的结果，右上角是 Spearman 检验的结果；***、**、* 分别表示在 1%、5%、10% 水平上显著。

表 5–6 投资过度样本的 Pearson 与 Spearman 相关系数

	OverInv	C_Score	|ACCA|	|Smooth|	|Acq|	POL	Size	Grow	ROA	LEV
OverInv	1	−0.002**	0.004**	0.083***	0.036	−0.032	0.253**	−0.069*	−0.108**	0.121**
C_Score	−0.005**	1	−0.014	0.015	0.012	0.043*	0.048**	0.254**	0.505**	0.272**
|ACCA|	0.052***	−0.049	1	−0.042	0.025	0.030	0.075*	−0.063	−0.028	−0.067
|Smooth|	0.084***	0.017	−0.007	1	0.011	−0.003	−0.027	0.039	0.087*	0.007
|Acq|	0.017	0.021	0.038	0.002	1	0.050	−0.009	−0.066	−0.055	−0.014

续表

	OverInv	C_Score	|ACCA|	|Smooth|	|Acq|	POL	Size	Grow	ROA	LEV
POL	−0.053	0.037*	0.042	0.028	0.024	1	0.031	−0.030	0.063	0.050**
Size	0.205**	0.055**	0.056	−0.032	0.014	0.027	1	0.115**	0.055	0.320**
Grow	−0.046	0.134**	0.059	0.061	−0.034	0.033	0.037	1	0.306**	0.108**
ROA	−0.142**	0.485**	−0.010	0.060	−0.033	0.033	0.026	0.193**	1	−0.348**
LEV	0.096**	0.253**	−0.004	−0.014	−0.003	0.050**	0.306**	0.056	−0.335**	1

注：左下角表示的是 Pearson 检验的结果，右上角是 Spearman 检验的结果；***、**、*分别表示在 1%、5%、10% 水平上显著。

相关系数的结果显示，政治关联对投资不足和投资过度没有显著相关性。但政治关联企业中的会计稳健性更高，盈余激进度更低，意味着政治关联的存在会提升企业的会计信息质量。政治关联还能够提升企业的经营业绩，但同时也给企业带来更高的财务杠杆。无论是投资不足样本还是投资过度样本，解释变量间相关系数都较低，意味着样本不存在多重共线性。

二、回归结果分析

表 5-7~表 5-10 列示了政治关联作用下的会计信息质量与企业投资效率的回归结果。在表 5-7 中，会计稳健性在投资不足样本组和投资过度样本组中的系数均为负，并且都在 10%的水平上显著；政治关联与会计稳健性的交乘项的系数，在投资不足样本中为正，并且在 1%的水平上显著，在投资过度样本中也为正，并且在 10%的水平上显著；政治关联的系数在投资不足样本组中为正，在 1%的水平上显著，在投资过度样本组中为正，但不显著。说明会计稳健性能显著负向影响企业的投资不足或投资过度，但政治关联反向影响了这一提升作用，即减弱了会计稳健性对投资效率的提升作用，就政治关联单独对企业的作用来看，会加剧企业的投资不足。在表 5-8 中，不论在投资不足样本组还是投资过度样本组中，盈余激进度的系数均为正，并均在 5%的水平上显著；政治关联与盈余激进度交乘项的系数，在两样本组中均为负，并均在 10%的水平上显著；政治关联的

系数在投资不足样本中为正，但不显著，在投资过度样本中为正，且在5%水平上显著。说明盈余激进度能显著正向影响投资不足或投资过度，但政治关联具有显著负向影响作用，政治关联单独作用于企业时，对投资过度有正向影响。在表5-9中，不论在投资不足样本中还是在投资过度样本中，盈余平滑度的系数均为负，且均在10%的水平上显著；政治关联与盈余平滑度交乘项的系数，在两个样本中均为负，且均在10%的水平上显著；政治关联的系数在投资不足样本中为正，不显著，在投资过度样本中为负，也不显著。说明盈余平滑度能显著正向影响投资不足或投资过度，政治关联则反向影响了盈余平滑度的这一作用，政治关联不单独对企业的投资效率产生影响。在表5-10中，在投资不足样本中，盈余质量的系数为正，且在1%的水平上显著，在投资过度样本中，盈余质量的系数为正，在5%的水平上显著；政治关联与盈余质量交乘项的系数，在投资不足样本中为负，且在5%的水平上显著，在过度投资样本中也为负，且在1%的水平上显著；政治关联的系数，在投资不足样本中为正，且在10%的水平上显著，在投资过度样本中为正，且在1%的水平上显著。说明盈余质量显著正向影响投资不

表5-7　政治关联、会计稳健性与企业投资效率的回归结果

	投资不足样本	投资过度样本
CONSTANT	0.031*** (3.258)	-0.118 (-0.629)
C_Score_{t-1}	-0.051* (-1.662)	-0.095* (-1.975)
Pol_{t-1}* C_Score_{t-1}	0.110*** (3.738)	0.056* (1.775)
Pol_{t-1}	0.111*** (4.887)	0.049 (1.422)
$Grow_{t-1}$	0.015 (0.802)	0.109*** (3.823)
ROA_{t-1}	-0.010 (-0.449)	-0.017 (-0.582)
LEV_{t-1}	-0.072 (-1.055)	0.283** (2.633)
$Size_{t-1}$	-0.071** (-2.063)	0.040 (0.595)
Year	控制	控制
Industry	控制	控制
N	2387	1269
Adj.R^2	0.295	0. 298
F	39.974***	17.955***

注：各个回归变量的VIF都小于5，不存在多重共线性问题；***、**、*分别表示在1%、5%、10%水平上显著。

表 5-8 政治关联、盈余激进度与企业投资效率的回归结果

	投资不足样本	投资过度样本
CONSTANT	1.693*** (6.208)	-0.366*** (-4.362)
$\|ACCA\|_{t-1}$	0.261** (2.843)	0.057** (2.083)
$Pol_{t-1}*\|ACCA\|_{t-1}$	-0.187* (-1.652)	-0.052* (-1.622)
Pol_{t-1}	0.009 (0.254)	0.022** (2.193)
$Grow_{t-1}$	0.011*** (3.272)	-0.004 (-0.712)
ROA_{t-1}	1.406*** (5.044)	-0.276*** (-4.794)
LEV_{t-1}	0.476*** (5.645)	-0.007 (-0.352)
$Size_{t-1}$	-0.060*** (-4.543)	0.021*** (6.674)
Year	控制	控制
Industry	控制	控制
N	2387	1269
$Adj.R^2$	0.190	0.195
F	23.935***	10.926***

注：各个回归变量的 VIF 都小于 5，不存在多重共线性问题；***、**、* 分别表示在 1%、5%、10% 水平上显著。

表 5-9 政治关联、盈余平滑度与企业投资效率的回归结果

	投资不足样本	投资过度样本
CONSTANT	1.700*** (6.174)	-0.359*** (-4.247)
$\|Smooth\|_{t-1}$	0.068* (1.697)	0.019* (1.663)
$Pol_{t-1}*\|Smooth\|_{t-1}$	-0.097* (-1.698)	-0.007* (-1.643)
Pol_{t-1}	0.034 (0.595)	-0.005 (-0.308)
$Grow_{t-1}$	0.012*** (3.625)	-0.003 (-0.566)
ROA_{t-1}	1.451*** (5.211)	-0.269*** (-4.676)
LEV_{t-1}	0.498*** (5.918)	-0.007 (-0.320)
$Size_{t-1}$	-0.060*** (-4.566)	0.021*** (6.592)
Year	控制	控制
Industry	控制	控制
N	2387	1269
$Adj.R^2$	0.196	0.195
F	23.193***	10.945***

注：各个回归变量的 VIF 都小于 5，不存在多重共线性问题；***、**、* 分别表示在 1%、5%、10% 水平上显著。

表 5-10 政治关联、盈余质量与企业投资效率的回归结果

	投资不足样本	投资过度样本
CONSTANT	-0.037 (-0.126)	-0.146 * (-1.891)
$\|Acq\|_{t-1}$	1.764*** (4.090)	0.222** (2.230)
Pol_{t-1}*$\|Acq\|_{t-1}$	-1.608 ** (-2.598)	-0.425*** (-3.097)
Pol_{t-1}	0.064* (1.716)	0.036*** (4.164)
$Grow_{t-1}$	-0.005 (-1.538)	-0.002 (-0.528)
ROA_{t-1}	0.559* (1.934)	-0.307*** (-4.555)
LEV_{t-1}	0.008 (0.085)	-0.067*** (-3.106)
$Size_{t-1}$	0.038 ** (2.714)	0.023*** (6.231)
Year	控制	控制
Industry	控制	控制
N	2387	1269
Adj.R^2	0.284	0. 375
F	4.711***	7.177***

注：各个回归变量的 VIF 都小于 5，不存在多重共线性问题；*** 、** 、* 分别表示在 1%、5%、10% 水平上显著。

足或投资过度，政治关联反向影响了盈余质量的这一作用，政治关联单独对投资不足或投资过度均产生正向的影响。上述结果表明，高质量的会计信息能有效提升企业的投资效率，政治关联则基本上不直接影响企业的投资效率，但政治关联能降低会计信息质量与投资不足或投资过度之间的敏感性，显著减弱会计信息透明度对企业投资效率的提升作用，起到了负面影响企业的作用。假设 5-1 和假设 5-2 得到证实。

三、稳健性检验

为了检验以上结论是否稳健可靠，本书采用如下方法进行进一步的验证：用正的盈余激进的值替换其绝对值来进行回归分析。回归结果见表 5-11。表 5-11 显示的是盈余激进度对投资不足和投资过度的影响结果。实证结果与前文的实证结果一致，说明本章的检验结果是稳健的。

表 5-11　政治关联、会计信息质量与企业投资效率的回归结果

	投资不足样本	投资过度样本
CONSTANT	1.083**（2.212）	−0.318**（−2.114）
ACCAt −1	0.314**（2.738）	0.114***（3.029）
Pol_{t-1}*$ACCA_{t-1}$	−0.196*（−1.728）	−0.080*（−1.653）
Pol_{t-1}	0.017（0.281）	−0.026（−1.590）
$Grow_{t-1}$	0.011***（2.828）	0.013（1.313）
ROA_{t-1}	1.390**（2.778）	−0.437***（−2.780）
LEV_{t-1}	0.694***（3.655）	0.003（0.066）
$Size_{t-1}$	−0.040*（−1.686）	0.019***（3.199）
Year	控制	控制
Industry	控制	控制
N	662	264
Adj.R^2	0.34	0.45
F	10.287***	5.054***

注：各个回归变量的 VIF 都小于 5，不存在多重共线性问题；*** 、** 、* 分别表示在 1%、5%、10% 水平上显著。

第六章　最终控制人、会计信息质量与企业投资效率

第一节　最终控制人、会计信息质量与企业投资效率概述

通过第五章的分析，证明政府干预通过政治关联的形式对企业行为产生影响。政府作为企业的最终控制人是政府干预企业的另外一个重要形式。国家作为最终控制人是我国上市公司的一大特色。我国有超过 80%的上市公司由政府掌握着最终控制权。国有企业因其存在特殊的委托—代理链，[①] 往往呈现出与其他最终控制人企业不同的治理特色，如存在“内部人控制”、承担社会责任等问题。这些因素，在影响到企业的业绩和企业的价值（雷光勇等，2009）。那么，政府作为最终控制人，在企业的会计信息质量对投资效率质量的作用中产生怎样的影响呢？这种影响是负面的还是正面的呢？

本章基于政府干预企业的另一方式——政府的最终控制权，以 2009~2011 年

① 即全民股东高度分散，官员作为第一层代理人。

我国A股上市公司为样本，运用我国上市公司的经验数据实证检验了最终控制人、会计信息质量与企业投资效率三者的关系。研究结果表明，相对于国有企业，非国有企业中的会计信息质量可以更为显著地改善企业的投资不足和投资过度，提升企业的投资效率；政府在企业里扮演着“掠夺之手”的角色。

本章的研究对已有的文献构成了以下几点发展：第一，将政府干预的形式之一，最终控制人引入会计信息对企业投资效率影响的机制中，拓宽了企业投资效率影响因素的研究视角。已有的文献从最终控制人与会计信息质量交互作用的视角（李青原等，2010）研究了对投资效率的影响，但将最终控制人引入会计信息质量对企业投资效率影响的机制中，研究这一政府干预因素在企业中的经济后果，本书尚属首次。第二，丰富了政府是“掠夺之手”的文献。目前已有文献普遍认为政府是“援助之手”（Faccio，2006；吴文峰等，2009），本章通过研究证明了政府干预的形式之一——最终控制权，在会计信息对投资效率作用中的负面作用，支持了政府是“掠夺之手”的观点，为政府干预经济的低效性提供了证据。这为进一步深化我国的国有企业改革提供了理论依据和有益的借鉴意义，为加速我国正在进行的市场化改革、加强政府对国企的监督和理顺政企关系提供了依据。

第二节　研究假设的提出

西方文献较少研究政府作为最终控制人对企业的影响，因为在西方国有控股上市公司较为少见，更多的研究是集中在考察国有股比例、股权集中度对会计信息的影响上。Bushman 等（2004）利用跨国数据研究，结果发现政府对企业或银行的持股比越高，该国的财务透明度越差。因为从“掠夺之手”的角度，官员为了掩盖自利性的干预行为，通常会压制公司信息的对外披露；从“援助之手”的角度，由于政府直接控制和管理企业，会计信息降低信息不对称的作用减弱，这也会降低会计信息的透明度。国内文献也较少直接研究政府作为最终控制人对会计信息的影响。刘立国和杜莹（2003）研究了1993~2000年发生财务舞弊行为的我国25家上市公司，结果发现这类公司的流通股比例更低，而且国资局成为公司第一大股东的可能性更大。王立彦和刘军霞（2003）对1994~2000年在AH交叉上市的我国19家公司进行研究，发现随着国有股比例的增加，公司信息披露质量呈下降的趋势。

转型经济的中国，政府扮演着矛盾的双重角色，既是社会事务的管理者，也是国有企业的所有者。一方面，政府官员为了提升他们的政治资本和升迁的可能性，有动机通过参与国有企业的经营来完成社会的政治目标，如地区的发展、财政的健康和社会的稳定。股东价值最大化目标要求企业投资于净现值为正的项目。政府干预不可避免地改变了国有企业的目标以有益于政府（Lin等，1998），从而加剧了作为内部人的政府大股东与外部中小股东之间的代理问题。另一方面，国家作为最终控制人，会因缺乏现金流权的激励，对企业管理者的监督动力不足，还可能面临监督信息缺乏、监督指标政治化等问题，使得内部人拥有公司的重要控制权，从而出现"内部人控制"等问题；并且国家对企业控股越直接，直接大股东（如国资局）的公司化管理能力和动机越弱，企业的代理问题越严重（曾庆生、陈信元，2006）。因此，国有企业中最终控制人控制权的缺失加剧了管理者与股东之间的代理问题。由此，国有企业中会计信息质量缓解代理问题的功能被弱化。非国有企业的治理结构更加健康（朱茶芬、李志文，2008），其管理者和控股股东缺乏提拔升迁为政府官员的动机，更多是为了给企业谋取利益，而较少为了管理者私利（张功富，2011），因此，内部人与外部人之间的代理问题不突出。非国有企业中会计信息透明度的治理功能没有由此受到影响。孙兴亮和夏成才（2011）的研究表明，即使在会计信息透明度较高的国有企业中依然存在过度投资。因此，提出以下假设：

假设6-1：相对于国有企业，高质量的会计信息对企业投资不足的改善作用，在非国有企业中更为显著。

假设 6-2：相对于国有企业，高质量的会计信息对企业投资过度的改善作用，在非国有企业中更为显著。

第三节　变量选取与模型建立

一、变量的选取及度量

1. 投资效率的度量

投资效率度量的方法同第四章，此处不再赘述。

2. 会计信息质量的度量

本章采用一组相互对立的指标作为会计信息质量的替代变量，即一个正向指标（会计稳健性）、三个负向指标（盈余激进度、盈余平滑度和低的盈余质量）。会计稳健性、盈余激进度、盈余平滑度和盈余质量的度量方法同第四章。

3. 政治关联的度量

政治关联的度量同第五章，此处不再赘述。

4. 最终控制人的度量

本章借鉴刘芍佳等（2003）的"终极产权论"，根据上市公司披露的最终控制人数据，将样本公司分为国有企业样本组和非国有企业样本组。国有企业是指被政府部门和政府部门控股的企业控制的企业，以及集体企业；非国有企业指民营企业、外资企业及其他最终控制人的企业。

5. 控制变量

控制变量的选取与第四章相同，此处不再赘述。

二、建立模型

由于历史的原因，不少国有企业具有天然的政治关联，为了避免样本的选择性偏误（Selection Bias），本章按照最终控制人的性质对样本进行分组，分别进行检验。样本依据最终控制人性质分为国有和非国有两组，然后运用第四章中的模型（4–8）、模型（4–9）、模型（4–10）和模型（4–11）四个计量模型来检验假设6–1和假设6–2。

第四节　描述性统计

一、样本选取和数据来源

数据的来源和样本数据的选取方法以及样本的处理与第四章相同。

二、描述性统计结果

首先对样本按照最终控制人性质进行分组，并对不同样本组中的投资不足和投资过度情况进行统计，如表6–1所示。

表6–1　观测值分布

最终控制人	国有样本组		非国有样本组		合计	
	投资过度	投资不足	投资过度	投资不足	投资过度	投资不足
	888	1515	381	872	1269	2387
合计	2403		1253		3656	

由表 6-1 可知，依据最终控制人对总体样本进行分组之后，最终控制人是政府的样本企业在数量上大大超过最终控制人不是政府的样本企业。说明政府作为企业的最终控制人，是我国上市公司存在的一个普遍现象。投资效率在不同样本组中的情况是，投资不足企业的数量不管是在国有控股企业还是在非国有控股企业中，都多于投资过度企业；其在不同样本组中所占的比重分别是 63.1%（国有）和 69.6%（非国有）。这说明投资不足是我国上市公司的普遍现象，在不同最终控制人企业里没有太大差异。由于国有样本总体数量大于非国有样本，其样本中的过度投资（888）和投资不足（1515）数量远大于非国有样本的过度投资（381）和投资不足（872）的企业。说明相对于非国有企业，国有企业对投资不足和投资过度提供的样本贡献率均更大。

进一步，对国有和非国有两组样本，分别就投资不足和投资过度，对模型中的各变量进行描述性统计，如表 6-2 和表 6-3 所示。

表 6-2　投资不足样本的描述统计结果

		投资不足		
		国有	非国有	差异检验
UnderInv	均值	0.0423	0.047	0.002
	中值	0.041	0.044	0.008
C_Score	均值	0.035	0.059	<0.0001
	中值	0.032	0.059	<0.0001
|ACCA|	均值	0.225	0.213	<0.0001
	中值	0.174	0.179	<0.0001
|Smooth|	均值	0.636	0.619	<0.0001
	中值	0.709	0.697	<0.0001
|Acq|	均值	0.042	0.043	<0.0001
	中值	0.058	0.052	<0.0001
Grow	均值	0.337	0.255	0.593
	中值	0.095	0.085	0.177
ROA	均值	0.031	0.043	<0.0001
	中值	0.028	0.036	<0.0001
LEV	均值	0.501	0.471	<0.0001
	中值	0.514	0.478	<0.0001
Size	均值	21.644	21.121	<0.0001
	中值	21.524	21.028	<0.0001

注：均值差异检验采用 T 检验，中位数差异检验采用 Wilcoxon 秩和检验，差异检验栏报告的是 P 值。

表 6-3　投资过度样本的描述统计结果

		投资过度		
		国有	非国有	差异检验
OverInv	均值	0.094	0.075	0.015
	中值	0.053	0.048	0.082
C_Score	均值	0.015	0.062	<0.0001
	中值	0.012	0.063	<0.0001
|ACCA|	均值	0.213	0.209	<0.0001
	中值	0.174	0.185	<0.0001
|Acq|	均值	0.042	0.046	<0.0001
	中值	0.035	0.032	<0.0001
Grow	均值	0.431	0.435	0.976
	中值	0.183	0.153	0.393
ROA	均值	0.048	0.061	0.024
	中值	0.040	0.051	0.001
LEV	均值	0.539	0.468	<0.0001
	中值	0.554	0.475	<0.0001
Size	均值	22.018	21.155	<0.0001
	中值	21.888	20.956	<0.0001

注：均值差异检验采用 T 检验，中位数差异检验采用 Wilcoxon 秩和检验，差异检验栏报告的是 P 值。

不管是在投资不足还是在投资过度样本中，因变量 UnderInv 和 OverInv，以及自变量会计稳健性、盈余激进度、盈余平滑度和盈余质量的中值和均值，在国有及非国有分组中均存在显著性差异（P 值总体小于 0.05）。控制变量除了 Grow，其他各变量的中值和均值在不同的分组中也均表现出显著差异（P 值均小于 0.05）。可以初步判断最终控制权对企业的投资效率产生了作用，并且表明在不同最终控制人的企业中，会计信息的质量存在显著性差异。具体来讲，在投资不足样本中，非国有企业的投资不足变量的均值和中值均略大于国有企业，表明非国有企业的投资不足程度比国有企业略严重；非国有企业的会计稳健性的均值和中值均显著大于国有企业，表明非国有企业中的会计信息更为稳健；非国有企业的盈余激进度和盈余平滑度总体上略小于国有企业，表明非国有企业中的盈余激进和盈余平滑现象没有国有企业严重，其会计信息质量更高。在投资过度样本中，非国有企业的投资不足变量的均值和中值均小于国有企业，表明国有企业的投资过度程度更为严重；会计稳健性、盈余激进度和盈余平滑度在国有和非国有分组中均呈现出与投资不足样本相似的特点，特别是非国有企业中的会计稳健性在数值上远远大于国有企业，体现了非国有企业中会计盈余的稳健特征。

三、相关性检验

最后，区分投资不足样本和投资过度样本，对各变量之间的相关关系进行Pearson检验与Spearman检验。结果如表6-4~表6-7所示。

表6-4　国有企业投资不足样本的Pearson与Spearman相关系数

	|UnderInv|	C_Score	|ACCA|	|Smooth|	|Acq|	Size	Grow	ROA	LEV
|UnderInv|	1	-0.021*	0.016	0.006	0.069*	-0.083**	0.206**	0.067*	0.089**
C_Score	-0.028*	1	0.062	-0.006	0.001	0.100**	0.178**	0.509**	-0.210**
|ACCA|	0.106	0.007	1	0.047	-0.028	0.102**	0.071*	0.073*	0.022
|Smooth|	0.015	-0.027	0.048	1	0.003	-0.029	0.035	0.050	-0.007
|Acq|	0.040	0.031	0.011	0.016	1	-0.068*	-0.034	0.001	-0.029
Size	-0.082**	0.078**	0.049	-0.046	-0.116**	1	0.019	0.092**	0.316**
Grow	0.127**	0.011	0.200**	0.031	0.033	0.003	1	0.303**	0.108**
ROA	0.110**	0.376**	0.064*	0.024	0.008	0.070*	0.008	1	-0.360**
LEV	0.091**	-0.177**	0.116**	-0.002	-0.049	0.304**	0.062*	-0.343**	1

注：左下角表示的是Pearson检验的结果，右上角是Spearman检验的结果；***、**、*分别表示在1%、5%、10%水平上显著。

表6-5　国有企业投资过度样本的Pearson与Spearman相关系数

	OverInv	C_Score	|ACCA|	|Smooth|	|Acq|	Size	Grow	ROA	LEV
OverInv	1	-0.001**	0.014	0.065	0.029	0.249**	-0.064	-0.089*	0.107*
C_Score	-0.008**	1	0.040	0.015	0.017	0.040	0.241**	0.551**	-0.342**
|ACCA|	0.092	-0.028	1	-0.038	-0.007	0.110**	-0.025	0.035	-0.039
|Smooth|	0.061	0.031	-0.001	1	0.006	-0.012	0.057	0.059	-0.015
|Acq|	0.000	0.002	-0.018	0.027	1	0.002	-0.027	-0.030	-0.016
Size	0.196**	0.045	0.073	-0.011	0.011	1	0.103*	0.052	0.300**
Grow	-0.053	0.106*	0.085*	0.087*	0.023	0.007	1	0.313**	0.102*
ROA	-0.105*	0.485**	0.048	0.027	-0.007	0.033	0.192**	1	-0.395**
LEV	0.083*	-0.320**	0.016	-0.026	-0.013	0.285**	0.036	-0.356**	1

注：左下角表示的是Pearson检验的结果，右上角是Spearman检验的结果；***、**、*分别表示在1%、5%、10%水平上显著。

表 6-6 非国有企业投资不足样本的 Pearson 与 Spearman 相关系数

	|UnderInv|	C_Score	|ACCA|	|Smooth|	|Acq|	Size	Grow	rom	LEV
|UnderInv|	1	-0.001***	0.015	0.095*	0.062	-0.049	0.137**	0.063	0.076
C_Score	-0.063**	1	-0.044	-0.045	0.021	-0.006	0.096*	0.408**	-0.235**
|ACCA|	0.022*	-0.081	1	0.018	-0.014	-0.014	-0.013	-0.026	-0.039
|Smooth|	0.074*	-0.075	0.036	1	-0.017	-0.026	0.015	-0.015	0.031
|Acq|	0.044	0.015	-0.013	-0.048	1	-0.016	0.025	-0.001	0.036
Size	-0.079	0.032	-0.012	-0.020	-0.080	1	0.068	0.128**	0.345**
Grow	0.093*	0.140**	0.076	0.064	0.038	-0.012	1	0.300**	0.126**
ROA	0.107*	0.391**	-0.023	-0.049	0.016	0.121**	0.062	1	-0.303**
LEV	0.057	-0.190**	0.054	0.011	-0.094*	0.316**	0.095*	-0.324**	1

注：左下角表示的是 Pearson 检验的结果，右上角是 Spearman 检验的结果；*** 、** 、* 分别表示在 1%、5%、10% 水平上显著。

表 6-7 非国有企业投资过度样本的 Pearson 与 Spearman 相关系数

	OverInv	C_Score	|ACCA|	|Smooth|	|Acq|	Size	Grow	ROA	LEV
OverInv	1	-0.005**	0.050	0.123*	0.051	0.263**	-0.087	-0.150*	0.135*
C_Score	-0.034*	1	-0.125	0.009	0.011	0.023	0.280**	0.429**	-0.157**
|ACCA|	0.039	-0.102	1	-0.050	0.087	0.000	-0.137*	-0.169**	-0.127*
|Smooth|	0.129*	-0.013	-0.024	1	0.024	-0.082	0.001	0.145*	0.042
|Acq|	0.051	0.024	0.131*	-0.040	1	-0.017	-0.148*	-0.108	-0.006
Size	0.216**	0.045	0.007	-0.094	0.059	1	0.137*	0.092	0.332**
Grow	-0.038	0.236**	-0.054	-0.032	-0.140*	0.113	1	0.292**	0.119
ROA	-0.210**	0.509**	-0.159**	0.136*	-0.090	0.060	0.248**	1	-0.235**
LEV	0.113	-0.151*	-0.059	0.000	0.010	0.312**	0.107	-0.272**	1

注：左下角表示的是 Pearson 检验的结果，右上角是 Spearman 检验的结果；*** 、** 、* 分别表示在 1%、5%、10% 水平上显著。

结果显示，不论是在国有企业中还是在非国有企业中，以会计稳健性作表征的高质量会计信息，均与投资不足及投资过度呈显著负相关。但分别以盈余激进度、盈余平滑度和低的盈余质量作表征的低质量会计信息，在国有企业和非国有企业中与投资不足和投资过度呈现出不同的显著性的相关关系，即在国有企业中与投资不足及投资过度不存在显著相关关系，而在非国有企业中总体上存在显著正相关关系。这初步表明以会计稳健性为表征的高质量的会计信息在国有企业和非国有企业中均发挥着改善企业投资不足和过度投资的作用，但以盈余激进度、盈余平滑度和低的盈余质量为表征的低质量会计信息在非国有企业里发挥着更为显著的作用。无论是在哪一种分组里，解释变量间相关系数都较低，意味着样本不存在多重共线性，但具体的结果还需要进行进一步的分析。

第五节　回归结果分析

一、以会计稳健性为自变量

表 6–8~表 6–9 列示的是在不同最终控制人的影响下，分别以投资不足和投资过度作为因变量，以会计稳健性为表征的高质量会计信息作为自变量的回归结果。表 6–8 中，国有企业的会计稳健性系数在 10%的水平上显著为负，非国有企业的会计稳健性系数在 1%的水平上显著为负。结果表明，不论是在国有企业里还是在非国有企业里，会计稳健性均与投资不足显著负相关，说明会计稳健性显著改善了这两类企业的投资不足现象。表 6–9 中，国有企业的会计稳健性系数在 1%的水平上显著为负，非国有企业的会计稳健性系数也在 1%的水平上显著为负。结果表明，不论是在国有企业里还是在非国有企业里，会计稳健性均与投资过度显著负相关，说明会计稳健性显著改善了这两类企业的投资不足现象。进一步分析，在投资不足样本中，国有企业的会计稳健性系数值–0.206 大于非国有企业的会计稳健性系数值–0.219，采用 Wald 检验，对国有和非国有两组独立样本进行差异性检验，得到 P 值为 0.002。表明虽然会计稳健性在国有企业和非国有企业中均改善了投资不足，但在非国有企业里，这种效果更为显著。在投资过度样本中，国有企业的会计稳健性系数值–0.119 大于非国有企业的会计稳健性系数值–0.362，采用 Wald 检验，对国有和非国有两组独立样本进行差异性检验，得到 P 值为 0.001。表明虽然会计稳健性在国有企业和非国有企业中均改善了投

资过度，但在非国有企业里，这种效果更为显著。

表 6-8 最终控制人、会计稳健性与企业投资效率的回归结果（投资不足样本）

	投资不足样本	
	国有企业	非国有企业
CONSTANT	0.034**（2.763）	0.064*（1.751）
C_Score_{t-1}	−0.206*（−1.810）	−0.219***（−5.738）
$Grow_{t-1}$	0.033（1.278）	0.023（0.767）
ROA_{t-1}	−0.068**（−2.494）	−0.069**（−2.148）
LEV_{t-1}	−0.243**（−2.487）	0.055（0.561）
$Size_{t-1}$	−0.057**（−1.602）	−0.074（−1.466）
Year	控制	控制
Industry	控制	控制
N	1515	872
$Adj.R^2$	0.282	0.494
F	31.558***	37.507***

注：各个回归变量的 VIF 都小于 5，不存在多重共线性问题；*** 、** 、* 分别表示在 1%、5%、10% 水平上显著。

表 6-9 最终控制人、会计稳健性与企业投资效率的回归结果（投资过度样本）

	投资过度样本	
	国有企业	非国有企业
CONSTANT	−0.158（−0.600）	0.216（0.075）
C_Score_{t-1}	−0.119***（−4.521）	−0.362***（−6.003）
$Grow_{t-1}$	0.125***（3.728）	0.076*（1.649）
ROA_{t-1}	−0.043*（−1.719）	0.021（0.471）
LEV_{t-1}	0.346**（2.655）	0.087（0.608）
$Size_{t-1}$	0.316***（7.154）	0.458***（5.894）
Year	控制	控制
Industry	控制	控制
N	888	381
$Adj.R^2$	0.396	0.490
F	16.166***	23.027***

注：各个回归变量的 VIF 都小于 5，不存在多重共线性问题；*** 、** 、* 分别表示在 1%、5%、10% 水平上显著。

二、以盈余激进度为自变量

表 6-10~表 6-11 列示的是在不同最终控制人的影响下，分别以投资不足和投资过度作为因变量，以盈余激进度为表征的低质量会计信息作为自变量的回归结果。在表 6-10 中，在投资不足样本中，国有企业的盈余激进度系数为正，但不显著；非国有企业中的盈余激进度系数在 5%的水平上显著为正。结果表明，非国有企业的盈余激进度与投资不足显著正相关，而国有企业的盈余激进度与投资不足不存在显著相关性。在表 6-11 中，在投资过度样本中，国有企业的盈余激进度系数也为正，但不显著；非国有企业中的盈余激进度系数也在 5%的水平上显著为正。结果表明，非国有企业的盈余激进度与投资过度显著正相关，而国有企业的盈余激进度与投资过度不存在显著相关性。上述结果说明，在非国有企业里，以盈余激进度为表征的会计信息质量正常发挥着对投资效率的作用，但在国有企业里，这种作用被削弱了。

表 6-10　最终控制人、盈余激进度与企业投资效率的回归结果（投资不足样本）

	投资不足样本	
	国有企业	非国有企业
CONSTANT	1.512***（4.697）	1.901***（3.538）
$\lvert ACCA\rvert_{t-1}$	0.057（0.434）	0.199**（2.815）
$Grow_{t-1}$	0.010***（3.074）	0.012（0.436）
ROA_{t-1}	1.382***（4.085）	1.343**（2.672）
Lev_{t-1}	0.485***（4.848）	0.468**（2.984）
$Size_{t-1}$	−0.052***（−3.359）	−0.067**（−2.582）
Year	控制	控制
Industry	控制	控制
N	1515	872
Adj.R^2	0.299	0.184
F	22.913***	6.761***

注：各个回归变量的 VIF 都小于 5，不存在多重共线性问题；***、**、*分别表示在 1%、5%、10% 水平上显著。

表 6-11 最终控制人、盈余激进度与企业投资效率的回归结果（过度投资样本）

	投过度样本	
	国有企业	非国有企业
CONSTANT	-0.367***（-3.922）	-0.456**（-2.886）
$\|ACCA\|_{t-1}$	0.001（0.031）	0.045**（2.181）
$Grow_{t-1}$	-0.004（-0.600）	-0.005（-0.251）
ROA_{t-1}	-0.197**（-2.907）	-0.451***（-3.977）
Lev_{t-1}	0.000（0.013）	-0.009（-0.241）
$Size_{t-1}$	0.021***（5.500）	0.023***（3.705）
Year	控制	控制
Industry	控制	控制
N	888	381
Adj.R^2	0.198	0.194
F	9.603***	5.361***

注：各个回归变量的 VIF 都小于 5，不存在多重共线性问题；***、**、* 分别表示在 1%、5%、10% 水平上显著。

三、以盈余平滑度为自变量

表 6-12~表 6-13 列示的是在不同最终控制人的影响下，分别以投资不足和投资过度作为因变量，以盈余平滑度为表征的低质量会计信息作为自变量的回归结果。不论在投资不足样本还是在投资过度样本中，国有企业的盈余激进度系数均为正，但不显著；非国有企业中的盈余激进度系数均在 5%的水平上显著为正。结果表明，非国有企业的盈余激进度分别与投资不足和投资过度显著正相关，而国有企业的盈余激进度与投资不足和投资过度不存在显著相关性。其结果与表 6-10 和表 6-11 相类似。该结果表明，在非国有企业里，以盈余平滑度为表征的会计信息质量能够正常发挥其对投资效率的作用，但在国有企业里，这种作用不显著。

表 6-12 最终控制人、盈余平滑度与企业投资效率的回归结果（投资不足样本）

	投资不足样本	
	国有企业	非国有企业
CONSTANT	1.555***（4.776）	1.865***（3.467）
$\|Smooth\|_{t-1}$	-0.015（-0.314）	0.100*（1.643）

续表

	投资不足样本	
	国有企业	非国有企业
$Grow_{t-1}$	0.012***（3.678）	0.011（0.403）
ROA_{t-1}	1.485***（4.398）	1.375**（2.737）
LVE_{t-1}	0.523***（5.264）	0.475***（3.036）
$Size_{t-1}$	-0.052***（-3.384）	-0.068**（-2.612）
Year	控制	控制
Industry	控制	控制
N	1515	872
$Adj.R^2$	0.193	0. 187
F	21.890***	6.960***

注：各个回归变量的 VIF 都小于 5，不存在多重共线性问题；***、**、* 分别表示在 1%、5%、10% 水平上显著。

表 6-13　最终控制人、盈余平滑度与企业投资效率的回归结果（投资过度样本）

	投资过度样本	
	国有企业	非国有企业
CONSTANT	-0.354***（-3.744）	-0.421**（-2.660）
$\|Smooth\|_{t-1}$	-0.016（-1.258）	0.033*（1.675）
$Grow_{t-1}$	-0.004（-0.660）	-0.007（-0.353）
ROA_{t-1}	-0.205***（-3.029）	-0.416***（-3.662）
LEV_{t-1}	0.000（-0.020）	-0.004（-0.100）
$Size_{t-1}$	0.020***（5.361）	0.022***（3.488）
Year	控制	控制
Industry	控制	控制
N	888	381
$Adj.R^2$	0.293	0.294
F	9.156***	5.769***

注：各个回归变量的 VIF 都小于 5，不存在多重共线性问题；***、**、* 分别表示在 1%、5%、10% 水平上显著。

四、以盈余质量为自变量

表 6-14~表 6-15 列示的是在不同最终控制人的影响下，分别以投资不足和投资过度作为因变量，以低的盈余质量为表征的会计信息作为自变量的回归结

果。在表 6-14 中，国有企业的盈余质量系数在 10%的水平上显著为正，非国有企业的盈余质量系数在 5%的水平上显著为正。结果表明，不论是在国有企业里还是在非国有企业里，低的盈余质量均与投资不足显著正相关，从反面说明高质量会计信息能显著改善这两类企业的投资不足现象。在表 6-15 中，国有企业的盈余质量系数在 5%的水平显著为正，非国有企业的盈余质量系数也在 10%的水平显著为正。结果表明，不论是在国有企业里还是在非国有企业里，低的盈余质量均与投资过度显著正相关，从反面说明高质量会计信息能显著改善这两类企业的投资过度现象。进一步分析，在投资不足样本中，国有企业的盈余质量系数值 0.208 小于非国有企业的会计稳健性系数值 1.424；采用 Wald 检验，对国有和非国有两组独立样本进行差异性检验，得到 P 值为 0.003。表明虽然盈余质量在国有企业和非国有企业中对投资不足发挥了显著的作用，但在非国有企业里，这种效果更为明显。在投资过度样本中，国有企业的盈余质量系数值 0.025 小于非国有企业的会计稳健性系数值 0.031；采用 Wald 检验，对国有企业和非国有企业两组独立样本进行差异性检验，得到 P 值为 0.001。表明虽然盈余质量在国有企业和非国有企业中对投资过度发挥了显著的作用，但在非国有企业里，这种效果更为显著。

表 6-14 最终控制人、盈余质量与企业投资效率的回归结果（投资不足样本）

	投资不足样本	
	国有企业	非国有企业
CONSTANT	0.512（1.404）	-0.834*（-1.653）
$\lvert Acq\rvert_{t-1}$	0.208***（3.786）	1.424**（2.372）
$Grow_{t-1}$	-0.007（-0.978）	-0.004（-1.111）
ROA_{t-1}	0.378（1.042）	0.592（1.234）
LEV_{-1}	0.129（1.192）	-0.233（-1.462）
$Size_{t-1}$	0.011（0.622）	0.084***（3.444）
Year	控制	控制
Industry	控制	控制
N	888	381
Adj.R^2	0.297	0.495
F	3.195***	3.240***

注：各个回归变量的 VIF 都小于 5，不存在多重共线性问题；***、**、*分别表示在 1%、5%、10% 水平上显著。

表 6-15 最终控制人、盈余质量与企业投资效率的回归结果（投资过度样本）

	投资过度样本	
	国有企业	非国有企业
CONSTANT	-0.177*（-1.928）	-0.060（-0.416）
$\|Acq\|_{t-1}$	0.025**（2.308）	0.031***（3.221）
$Grow_{t-1}$	-0.002（-0.283）	-0.004（-0.535）
ROA_{t-1}	-0.330***（-4.232）	-0.254*（-1.860）
Lev_{t-1}	-0.071***（-2.766）	-0.056（-1.406）
$Size_{t-1}$	0.025***（5.818）	0.019***（2.774）
Year	控制	控制
Industry	控制	控制
N	888	381
Adj.R^2	0.474	0.464
F	6.062***	3.045***

注：各个回归变量的 VIF 都小于 5，不存在多重共线性问题；***、**、* 分别表示在 1%、5%、10% 水平上显著。

综上所述，表 6-8~表 6-15 的结果证明了假设 6-1 和假设 6-2。

五、稳健性检验

为了检验以上结论是否稳健可靠，本书采用如下方法进行进一步的验证：用正的盈余激进的值替换其绝对值，代入第四章中的模型（4-8）、模型（4-9）、模型（4-10）和模型（4-11）四个计量模型来进行回归分析。回归结果见表 6-16~表 6-17。表 6-16 显示的是在不同最终控制人影响下，盈余激进度与投资不足的关系；表 6-17 显示的是在不同最终控制人影响下，盈余激进度与投资过度的关系。实证结果与前文的实证结果一致，说明前文的检验结果是稳健的。

表 6-16 最终控制人、盈余激进度与企业投资效率的回归结果（投资不足样本）

	投资不足样本	
	国有企业	非国有企业
CONSTANT	0.643（1.088）	1.975**（2.242）
$ACCA_{t-1}$	0.262（0.840）	0.019**（2.112）
$Grow_{t-1}$	0.009**（2.504）	0.207**（2.484）

续表

	投资不足样本	
	国有企业	非国有企业
ROA_{t-1}	1.382** (2.390)	0.320 (0.302)
LEV_{t-1}	0.584*** (2.626)	0.818** (2.175)
$Size_{t-1}$	-0.017 (-0.605)	-0.080* (-1.855)
Year	控制	控制
Industry	控制	控制
N	453	209
Adj.R^2	0.446	0.442
F	9.561***	2.678***

注：各个回归变量的 VIF 都小于 5，不存在多重共线性问题；*** 、** 、* 分别表示在 1%、5%、10% 水平上显著。

表 6-17　最终控制人、盈余激进度与企业投资效率的回归结果（投资过度样本）

	投资过度样本	
	国有企业	非国有企业
CONSTANT	-0.390** (-2.374)	-0.298 (-1.000)
$ACCA_{t-1}$	0.078 (0.845)	0.056** (2.963)
$Grow_{t-1}$	0.015 (1.431)	0.003 (0.074)
ROA_{t-1}	-0.137 (-0.719)	-0.933*** (-3.068)
LEV_{t-1}	0.009 (0.140)	-0.048 (-0.504)
$Size_{t-1}$	0.022*** (3.181)	0.018 (1.278)
Year	控制	控制
Industry	控制	控制
N	182	82
Adj.R^2	0.33	0.42
F	4.473***	2.678***

注：各个回归变量的 VIF 都小于 5，不存在多重共线性问题；*** 、** 、* 分别表示在 1%、5%、10% 水平上显著。

第七章 政治关联与最终控制人交互影响下的会计信息质量与企业投资效率

第一节 政治关联与最终控制人交互影响下的会计信息质量与企业投资效率概述

第五章和第六章分别研究了在两种政府干预，即政治关联和最终控制人的影响下，会计信息质量与企业投资效率的关系。那么在政治关联和最终控制人的交互影响下，会计信息质量对企业投资效率发挥着怎样的作用呢？本章将对这一问题进行研究。

按照最终控制人对我国上市公司进行分类之后，王庆文和吴世农（2008）的研究发现，在国有企业中，政治关联对企业业绩具有损害作用；在民营企业中，政治关联对企业业绩具有提升作用。Fan 等（2007）的研究认为，在国有股份占控制地位的上市企业中，政治关联的作用可能更多体现为政府对企业经营活动的干预，从而给企业价值带来损害。Chen 等（2010）的研究发现，在国有企业里，政府干预通过最终控制权或政治关联的方式扭曲了投资行为，并对投资效率造成损害。张功富（2011）的研究则发现，国有企业的政治关联能有效抑制政府的干预，弱化因政府作为最终控制人带给企业的负面影响。那么，政府干预的两种形式，政治关联与政府作为最终控制人在交互作用下，到底会对我国企业会计信息质量与投资效率的关系产生怎样的影响呢？这种影响是正面的还是负面的呢？

本章同时引入政府干预的两个要素，运用 2009~2011 年我国 A 股上市公司的经验数据，实证检验在政治关联和最终控制人交互作用下，会计信息质量与企业投资效率的关系。研究结果表明，政治关联与最终控制人的交互作用减弱了会计信息质量对企业投资效率的提升作用，政府在企业里扮演着“掠夺之手”的角色。具体而言，相对于国有企业，在具有政治关联的非国有企业中，会计信息质量对企业投资不足或投资过度的改善作用被显著降低；相对于非国有企业，在具有政治关联的国有企业中，会计信息质量对企业投资不足或投资过度的作用没有受到显著影响。

本章的研究对已有的文献构成了以下几点发展：第一，将政治关联与最终控制人的交互作用引入会计信息对企业投资效率影响的机制中，拓宽了企业投资效率影响因素的研究视角。已有的文献从政治关联（Xu 等，2011；张敏等，2010）、最终控制人与会计信息质量交互作用的视角（李青原等，2010）研究了对投资效率的影响，但将政治关联以及最终控制人引入会计信息质量对企业投资效率影响的机制中，研究这两个制度因素交互作用在企业中的经济后果，本书尚属首次。第二，丰富了政府是“掠夺之手”的文献。目前已有文献普遍认为政府是“援助之手”（Faccio，2006；吴文峰等，2009），本书通过实证研究证明政治关联与最终控制人交互作用对企业的负面影响，支持了政府是“掠夺之手”的观点，为政府干预经济的低效性提供了证据，这对加速我国正在进行的市场化改革、建立更为健全的法制环境提供了依据。

第二节　文献回顾与研究假说

Pearce（1996）的研究发现，与国有企业相比，非国有企业把政治关联放在更加重要的位置，同时在建立政治关联上投入更多的资源，以期得到法律和正式制度中所得不到的支持和保护。这是因为在最大化自身收益的决策前提下，政府更会允许有政治关联的企业，特别是民营企业进入管制行业（罗党论、刘晓龙，2009）。在我国，非国有企业特别是民营企业，因其过去长期在许多行业中面临政府行政壁垒、受到所有制“歧视”，这些企业为了获得更有用的信息、攫取稀缺的资源、争取风险小获利大的经营项目，更倾向于与政府建立政治关联，并且更加依赖于这种政治关联（孔东民、谭伟强，2011）。国有企业因其最终控制人是政府，在资源的获得上存在先天的优势，因此，国有企业在政治关联的依赖程度上远不及非国有企业。这样，相对于国有企业，政治关联的负面作用在非国有企业中会表现得更为突出和明显。

另外，政府作为国有企业的最终控制人，会对国有企业造成各种负面影响，如承担社会责任等，但政治关联的存在，能在国有企业里有效弱化因政府作为最终控制人带给企业的负面影响（张功富，2011）。这是由于政府干预的存在，国有企业普遍承担着较为沉重的社会责任和负担，从而使得企业偏离了股东价值最大化的目标。但政治关联的建立可以有助于企业减轻其本应承担的社会责任，从而缓解作为内部人的政府大股东与外部中小股东之间的代理问题。因此，相较于非国有企业，政治关联在国有企业中呈现的“掠夺之手”特征更弱。基于以上分析，提出以下假设：

假设 7–1：相对于国有企业，在具有政治关联的非国有企业中，会计信息质量对企业投资不足或投资过度的改善作用被显著降低。

假设 7-2：相对于非国有企业，在具有政治关联的国有企业中，会计信息质量对企业投资不足或投资过度的作用没有受到显著影响。

第三节　研究设计

一、变量的选取及度量

1. 投资效率的度量

投资效率度量的方法同第四章，此处不再赘述。

2. 会计信息质量的度量

本章采用一组相互对立的指标作为会计信息质量的替代变量，即一个正向指标（会计稳健性），三个负向指标（盈余激进度、盈余平滑度和低的盈余质量）。会计稳健性、盈余激进度、盈余平滑度和盈余质量的度量方法同第四章，此处不再赘述。

3. 政治关联的度量

政治关联的度量同第五章，此处不再赘述。

4. 最终控制人的度量

本章借鉴刘芍佳等（2003）的“终极产权论”，根据上市公司披露的最终控制人数据，将样本公司分为国有企业样本组和非国有企业样本组。国有企业是指被政府部门和政府部门控股的企业控制的企业，以及集体企业；非国有企业指民营企业、外资企业及其他最终控制人的企业。

5. 控制变量

控制变量的选取与第四章相同，此处不再赘述。

二、实证设计

由于历史的原因，不少国有企业具有天然的政治关联，为了避免样本的选择性偏误（Selection Bias），本章按照最终控制人的性质对样本进行分组，分别进行检验。样本依据最终控制人性质分为国有企业和非国有企业两组，然后运用第五章中的模型（5-1）、模型（5-2）、模型（5-3）和模型（5-4）四个计量模型来检验假设 7-1 和假设 7-2。

三、样本选取和数据来源

数据的来源和样本数据的选取方法以及样本的处理与第四章相同，此处不再赘述。

第四节　实证检验结果及分析

一、描述性统计与相关性检验

首先对样本在不同最终控制人分组中，其投资不足和投资过度的企业是否具有政治关联的情况进行统计，如表 7-1 所示。

由表 7-1 可以看出，国有企业中有政治关联的企业有 1115 家，没有政治关联的企业有 1288 家，有政治关联的企业的占比为 46.4%；非国有企业中有政治关联的企业有 588 家，没有政治关联的企业有 665 家，有政治关联的企业的占比

表 7-1　观测值分布

公司性质	国有控股		非国有控股		合计	
	投资过度	投资不足	投资过度	投资不足	投资过度	投资不足
有政治关联（家）	426	689	185	403	611	1092
无政治关联（家）	462	826	196	469	658	1295
合计（家）	888	1515	381	872	1269	2387
有政治关联样本所占百分比（%）	47.9	45.4	48.5	46.2	48.15	45.75

为 46.9%，与国有企业中的比例接近。这说明不论是在国有企业中还是非国有企业中，建立政治关联是普遍的现象。在国有企业中，投资过度企业中有政治关联的占比（47.9%）和投资不足企业中有政治关联的占比（45.4%），均分别略低于非国有企业中对应的比率（48.5%和 46.2%）。初步反映出，相较于国有企业，非国有企业中有政治关联的企业比较容易发生投资失效。政治关联在不同最终控制人企业里的作用效果如何，还需要进行进一步的分析。

进一步分投资不足样本和投资过度样本，对有政治关联的企业的各变量的中值和均值进行差异性统计，如表 7-2 和表 7-3 所示。

表 7-2　投资不足样本（有政治关联）的描述统计结果

		投资不足		
		国有企业	非国有企业	差异检验
UnderInv	均值	0.042	0.046	0.097
	中值	0.040	0.041	0.825
C_Score	均值	0.055	0.029	<0.0001
	中值	0.061	0.031	<0.0001
|ACCA|	均值	0.213	0.225	<0.0001
	中值	0.174	0.179	<0.0001
|Smooth|	均值	0.619	0.636	<0.0001
	中值	0.697	0.709	<0.0001
|Acq|	均值	0.032	0.033	<0.0001
	中值	0.048	0.042	<0.0001
Grow	均值	0.513	0.260	0.444
	中值	0.087	0.090	0.899
ROA	均值	0.031	0.048	<0.0001
	中值	0.029	0.006	<0.0001

续表

		投资不足		
		国有企业	非国有企业	差异检验
LEV	均值	0.507	0.469	0.002
	中值	0.506	0.473	0.002
Size	均值	21.78	21.281	<0.0001
	中值	21.63	21.147	<0.0001

注：均值差异检验采用 T 检验，中位数差异检验采用 Wilcoxon 秩和检验，差异检验栏报告的是 P 值。

表 7-3　投资过度样本（有政治关联）的描述统计结果

		投资过度		
		国有企业	非国有企业	差异检验
OverInv	均值	0.083	0.079	0.608
	中值	0.049	0.043	0.460
C_Score	均值	0.059	0.007	<0.0001
	中值	0.066	0.007	<0.0001
|ACCA|	均值	0.209	0.213	<0.0001
	中值	0.174	0.185	<0.0001
|Smooth|	均值	0.728	0.745	<0.0001
	中值	0.709	0.872	<0.0001
|Acq|	均值	0.032	0.036	<0.0001
	中值	0.045	0.042	<0.0001
Grow	均值	0.362	0.475	0.298
	中值	0.169	0.171	0.649
ROA	均值	0.046	0.070	0.005
	中值	0.039	0.052	0.003
LEV	均值	0.544	0.465	<0.0001
	中值	0.546	0.465	<0.0001
Size	均值	22.224	21.259	<0.0001
	中值	22.013	21.052	<0.0001

注：均值差异检验采用 T 检验，中位数差异检验采用 Wilcoxon 秩和检验，差异检验栏报告的是 P 值。

描述性统计结果显示，无论在国有企业还是非国有企业中，投资不足与投资过度的中值与均值都不存在显著性差异。会计信息质量的四个表征变量，会计稳健性、盈余激进度、盈余平滑度和盈余质量的中值和均值都存在显著性差异；并且不论在投资不足样本还是投资过度样本中，非国有企业的会计稳健性的数值均小于国有企业的数值，非国有企业的盈余激进度的数值均大于国有企业的数值，非国有企业的盈余平滑度的数值也均大于国有企业的数值。表明在政治关联的影响下，非国有企业和国有企业之间的会计信息质量呈现出显著性差异，并且非国有企业的会计信息质量低于国有企业。可以初步判断，政治关联对这两类企业的会计信息质量产生了显著性的影响。

最后，按照国有企业投资不足、国有企业投资过度、非国有企业投资不足和非国有企业投资过度对样本分组，并对每组变量之间的相关关系进行 Pearson 与 Spearman 检验。结果如表 7-4~表 7-7 所示。

表 7-4 国有企业投资不足样本的 Pearson 与 Spearman 相关系数

	|UnderInv|	C_Score	|ACCA|	|Smooth|	|Acq|	POL	Size	Grow	ROA	LEV
|UnderInv|	1	-0.021*	0.016	0.006	0.069*	-0.027	-0.083**	0.206**	0.067*	0.089**
C_Score	-0.028*	1	0.062*	-0.006	0.001	0.054	0.100**	0.178**	0.509**	-0.210**
|ACCA|	0.106	0.007	1	0.047	-0.028	0.089**	0.102**	0.071*	0.073*	0.022
|Smooth|	0.015	-0.027	0.048	1	0.003	-0.003	-0.029	0.035	0.050	-0.007
|Acq|	0.040	0.031	0.011	0.016	1	-0.014	-0.068*	-0.034	0.001	-0.029
POL	-0.033	0.062*	0.077**	-0.011	-0.004	1	0.009	-0.018	0.038	-0.062*
Size	-0.082**	0.078**	0.049	-0.046	-0.116**	0.006	1	0.019	0.092**	0.316**
Grow	0.127**	0.011	0.200**	0.031	0.033	0.028	-0.003	1	0.303**	0.108**
ROA	0.110**	0.376**	0.064*	0.024	-0.008	0.048	0.070*	0.008	1	-0.360**
LEV	0.091**	-0.177**	0.116**	-0.002	-0.049	-0.063*	0.304**	0.062*	-0.343**	1

注：左下角表示的是 Pearson 检验的结果，右上角是 Spearman 检验的结果；***、**、* 分别表示在 1%、5%、10% 水平上显著。

表 7-5 国有企业投资过度样本的 Pearson 与 Spearman 相关系数

	|OverInv|	C_Score	|ACCA|	|Smooth|	|Acq|	POL	Size	Grow	ROA	LEV
|OverInv|	1	-0.001**	-0.014	-0.065	0.029	-0.045	0.249**	-0.064	-0.089*	0.107*
C_Score	-0.008**	1	0.040	0.015	0.017	0.075	0.040	0.241**	0.551**	-0.342**
|ACCA|	-0.092	-0.028	1	-0.038	-0.007	0.067	0.110**	-0.025	0.035	-0.039
|Smooth|	-0.061	0.031	-0.001	1	0.006	0.010	-0.012	0.057	0.059	-0.015
|Acq|	0.000	0.002	-0.018	0.027	1	0.046	0.002	-0.027	-0.030	-0.016
POL	-0.054	0.077	0.079	0.035	0.011	1	0.003	-0.047	0.037	-0.044
Size	0.196**	0.045	0.073	-0.011	-0.011	0.003	1	0.103*	0.052	0.300**
Grow	-0.053	0.106*	0.085*	0.087*	0.023	0.032	0.007	1	0.313**	0.102*
ROA	-0.105*	0.485**	0.048	0.027	-0.007	0.027	0.033	0.192**	1	-0.395**
LEV	0.083*	-0.320**	0.016	-0.026	-0.013	-0.046	0.285**	0.036	-0.356**	1

注：左下角表示的是 Pearson 检验的结果，右上角是 Spearman 检验的结果；***、**、* 分别表示在 1%、5%、10% 水平上显著。

表 7-6　非国有企业投资不足样本的 Pearson 与 Spearman 相关系数

	|UnderInv|	C_Score	|ACCA|	|Smooth|	|Acq|	POL	Size	Grow	ROA	LEV
|UnderInv|	1	−0.002**	0.015*	0.095*	0.062	−0.024	−0.049	0.137**	0.063	0.076
C_Score	−0.063**	1	−0.044	−0.045	0.021	0.112**	−0.006	0.096*	0.408**	−0.235**
|ACCA|	0.022*	−0.081	1	0.018	−0.014	−0.013	−0.014	−0.013	−0.026	−0.039
|Smooth|	0.074*	−0.075	0.036	1	−0.017	−0.046	−0.026	0.015	−0.015	0.031
|Acq|	0.044	0.015	−0.013	−0.048	1	0.014	−0.016	0.025	−0.001	0.036
POL	−0.041	0.093*	0.025	−0.046	0.029	1	0.079	0.021	0.123**	−0.096*
Size	−0.079	0.032	−0.012	−0.020	−0.080	0.067	1	0.068	0.128**	0.345**
Grow	0.093*	0.140**	0.076	0.064	0.038	0.060	−0.012	1	0.300**	0.126**
ROA	0.107*	0.391**	−0.023	−0.049	0.016	0.059	0.121**	0.062	1	−0.303**
LEV	0.057	−0.190**	0.054	0.011	−0.094*	−0.102*	0.316**	0.095*	−0.324**	1

注：左下角表示的是 Pearson 检验的结果，右上角是 Spearman 检验的结果；*** 、** 、* 分别表示在 1%、5%、10% 水平上显著。

表 7-7　非国有企业投资过度样本的 Pearson 与 Spearman 相关系数

	| OverInv |	C_Score	|ACCA|	|Smooth|	|Acq|	POL	Size	Grow	ROA	LEV
|OverInv|	1	−0.005*	0.050*	0.123*	0.051	−0.008	0.263**	−0.087	−0.150*	0.135*
C_Score	−0.034**	1	−0.125*	0.009	0.011	−0.023	0.023	0.280**	0.429**	−0.157**
|ACCA|	0.039*	−0.102	1	−0.050	0.087	−0.054	0.000	−0.137*	−0.169**	−0.127*
|Smooth|	0.129*	−0.013	−0.024	1	0.024	−0.028	−0.082	0.001	0.145*	0.042
|Acq|	0.051	0.024	0.131*	−0.040	1	0.063	−0.017	−0.148*	−0.108	−0.006
POL	−0.051	−0.039	−0.049	0.014	0.053	1	0.089	0.005	0.116	−0.057
Size	0.216**	0.045	0.007	−0.094	0.059	0.083	1	0.137*	0.092	0.332**
Grow	−0.038	0.236**	−0.054	−0.032	−0.140*	0.039	0.113	1	0.292**	0.119
ROA	−0.210**	0.509**	−0.159**	0.136*	−0.090	0.047	0.060	0.248**	1	−0.235**
LEV	0.113	−0.151*	−0.059	0.000	0.010	−0.058	0.312**	0.107	−0.272**	1

注：左下角表示的是 Pearson 检验的结果，右上角是 Spearman 检验的结果；*** 、** 、* 分别表示在 1%、5%、10% 水平上显著。

从表 7-4~表 7-7 四个相关性检验的系数表的结果，得到以下结论：不论是在国有企业还是在非国有企业中，以会计稳健性作表征的高质量会计信息，均与投资不足及投资过度显著负相关；但分别以盈余激进度和盈余平滑度作表征的低质量会计信息，在国有企业中与投资不足及投资过度不存在显著相关关系，而在非国有企业中总体上与投资不足及投资过度存在显著正相关关系；政治关联不论是在国有企业里还是非国有企业里，均不与投资过度或投资不足具有显著相关关系。这初步表明，以会计稳健性为表征的高质量的会计信息在国有企业和非国有企业中均发挥着改善企业投资不足和过度投资的作用，但以盈余激进度和盈余平滑度为表征的低质量会计信息在非国有企业里发挥着更为显著的作用，政治关联不直接对企业的投资效率发生作用。无论是在哪一个分组里，解释变量间相关系数都较低，意味着样本不存在多重共线性，但具体的结果还需要进行进一步的分析。

二、回归结果分析

表 7-8~表 7-9 列示了在政治关联和最终控制人交互作用下，分别以投资不足和投资过度作为因变量，以会计稳健性为表征的高质量会计信息作为自变量的回归结果。结果显示，在投资不足样本中，不论是在国有企业里还是在非国有企业里，会计稳健性均与投资不足显著负相关，但系数大小有差异。表明在两类企

表 7-8　政治关联与最终控制人交互作用下的会计稳健性与企业投资效率的回归结果（投资不足样本）

	投资不足样本	
	国有企业	非国有企业
CONSTANT	0.034**（2.762）	0.064*（1.725）
C_Score_{t-1}	-0.041*（-1.767）	-0.127**（-2.596）
Pol_{t-1}* C_Score_{t-1}	0.095（0.520）	0.161***（3.317）
Pol_{t-1}	-0.101（-0.742）	-0.011**（-2.233）
$Grow_{t-1}$	0.033（1.279）	0.025（0.849）
ROA_{t-1}	-0.068**（-2.493）	-0.060*（-1.870）
LEV_{t-1}	-0.244**（-2.487）	0.053（0.542）
$Size_{t-1}$	-0.057（-1.197）	-0.072（-1.414）
Year	控制	控制
Industry	控制	控制
N	1514	869
Adj.R^2	0.197	0.424
F	27.494***	30.299***

注：各个回归变量的 VIF 都小于 5，不存在多重共线性问题；***、**、* 分别表示在 1%、5%、10% 水平上显著。

表 7-9 政治关联与最终控制人交互作用下的会计稳健性与企业投资效率的回归结果（投资过度样本）

	投资过度样本	
	国有企业	非国有企业
CONSTANT	-0.148（-0.558）	0.215（0.217）
C_Score_{t-1}	-0.122**（-2.142）	-0.268***（-3.383）
Pol_{t-1}* C_Score_{t-1}	-0.027（-0.465）	0.150*（1.648）
Pol_{t-1}	-0.009（-0.170）	-0.092（-1.292）
$Grow_{t-1}$	0.125***（3.724）	0.073*（1.577）
ROA_{t-1}	0.007（0.205）	-0.037（-0.649）
LEV_{t-1}	0.334**（2.546）	0.109（0.754）
$Size_{t-1}$	0.033（0.390）	0.472***（6.050）
Year	控制	控制
Industry	控制	控制
N	887	386
Adj.R^2	0.444	0.294
F	12.457***	18.276***

注：各个回归变量的 VIF 都小于 5，不存在多重共线性问题；***、**、* 分别表示在 1%、5%、10% 水平上显著。

业里，会计稳健性均能起到改善投资不足的作用，但作用程度不同。就政治关联与会计稳健性的交乘项系数而言，非国有企业里的该项系数在 1%的水平上显著为正，与会计稳健性的系数相反，表明在政治关联企业中，会计稳健性对投资不足的改善作用受到显著抑制，在国有企业里，该项系数为正，不显著，说明当该类企业建立起政治关联，不会显著影响会计稳健性对投资不足的改善作用。在投资过度样本中，也得到类似的结果。上述结果说明，会计稳健性显著改善了不同最终控制人企业的投资失效现象；但当建立起政治关联之后，非国有企业更加依赖于政治关联，因此相对于国有企业，非国有企业里会计稳健性对投资失效的改善作用显著被弱化，而在国有企业里，该负面作用不显著。

表 7-10~表 7-11 列示的是在政治关联和最终控制人交互作用下，分别以投资不足和投资过度作为因变量，以盈余激进度为表征的低质量会计信息作为自变量的回归结果。在投资不足样本中，国有企业的盈余激进度的系数为正，但是不显著；在非国有企业里的盈余激进度的系数在 1%的水平上显著为正。说明国有

企业的盈余激进度与投资不足不存在显著相关性，而在国有企业里，盈余激进度与投资不足显著为正。政治关联与盈余激进度交乘项的系数，在国有企业里为负，但是不显著；在非国有企业里，该系数在10%的水平上显著为负，与盈余激进度的系数符号相反。说明在具有政治关联的非国有企业中，盈余激进度对投资不足的关系受到显著弱化。政治关联的系数，不论是在国有企业中还是非国有企业中，都不显著，说明政治关联与投资失效不直接显著相关。投资过度样本企业里得到相似的结果。上述结果表明，相对于国有企业，在非国有企业里，以盈余激进度为表征的会计信息质量能更为显著地提升企业的投资效率；然而，当建立起政治关联，在非国有企业里会计信息质量的这种提升作用被显著弱化，而在国有企业里对会计信息的作用没有显著影响。

表 7-10　政治关联与最终控制人交互作用下的盈余激进度与企业投资效率的回归结果（投资不足样本）

	投资不足样本	
	国有企业	非国有企业
CONSTANT	1.483***（4.592）	1.882***（3.492）
$\|ACCA\|_{t-1}$	0.062（0.298）	0.322***（3.194）
$Pol_{t-1}*\|ACCA\|_{t-1}$	-0.003（-0.011）	-0.227*（-1.656）
Pol_{t-1}	0.019（0.448）	-0.032（-0.434）
$Grow_{t-1}$	0.011***（3.275）	0.013（0.479）
ROA_{t-1}	1.385***（4.098）	1.335**（2.649）
LEV_{t-1}	0.476***（4.757）	0.454**（2.872）
$Size_{t-1}$	-0.051***（-3.288）	-0.065**（-2.490）
Year	控制	控制
Industry	控制	控制
N	1514	869
Adj.R^2	0.250	0.282
F	19.122***	5.560***

注：各个回归变量的 VIF 都小于 5，不存在多重共线性问题；***、**、* 分别表示在 1%、5%、10% 水平上显著。

表 7-11　政治关联与最终控制人交互作用下的盈余激进度与企业投资效率的回归结果（投资过度样本）

	投资过度样本	
	国有企业	非国有企业
CONSTANT	−0.356***（−3.788）	−0.440**（−2.746）
$\|ACCA\|_{t-1}$	−0.042（−0.779）	0.068**（2.140）
$Pol_{t-1}*\|ACCA\|_{t-1}$	0.043（1.038）	−0.088**（−2.120）
Pol_{t-1}	−0.018（−1.565）	−0.032（−1.584）
$Grow_{t-1}$	−0.004（−0.682）	−0.003（−0.180）
ROA_{t-1}	−0.200**（−2.954）	−0.434***（−3.816）
LEV_{t-1}	0.001（0.028）	−0.013（−0.340）
$Size_{t-1}$	0.020***（5.486）	0.023***（3.639）
Year	控制	控制
Industry	控制	控制
N	887	386
Adj.R^2	0.199	0.216
F	7.941***	4.557***

注：各个回归变量的 VIF 都小于 5，不存在多重共线性问题；***、**、* 分别表示在 1%、5%、10% 水平上显著。

表 7-12~表 7-13 列示的是在政治关联与最终控制人交互作用下，分别以投资不足和投资过度作为因变量，以盈余平滑度为表征的低质量会计信息作为自变量的回归结果。除了过度投资样本里非国有企业的政治关联系数为正，其他结果与表 7-10 和表 7-11 一致。表明相较于国有企业，在非国有企业里，以盈余平滑度为表征的会计信息质量能够正常发挥其对投资效率的提升作用；但当非国有企业建立起政治关联，会计信息质量对投资失效的改善作用却受到削弱，在国有企业里，该现象不显著。

表 7-12　政治关联与最终控制人交互作用下的盈余平滑度与企业投资效率的回归结果（投资不足样本）

	投资不足样本	
	国有企业	非国有企业
CONSTANT	1.556***（4.758）	1.760***（3.253）
$\|Smooth\|_{t-1}$	0.001（0.006）	0.096*（1.898）
$Pol_{t-1}*\|Smooth\|_{t-1}$	−0.032（−0.333）	−0.203*（−1.672）

续表

	投资不足样本	
	国有企业	非国有企业
Pol_{t-1}	-0.005 (-0.071)	0.196 (0.933)
$Grow_{t-1}$	0.012*** (3.708)	0.014 (0.516)
ROA_{t-1}	1.488*** (4.403)	1.329** (2.642)
LEV_{t-1}	0.518*** (5.204)	0.450** (2.848)
$Size_{t-1}$	-0.052*** (-3.372)	-0.065** (-2.473)
Year	控制	控制
Industry	控制	控制
N	1514	869
Adj.R^2	0.242	0.188
F	17.966***	5.903***

注：各个回归变量的 VIF 都小于 5，不存在多重共线性问题；***、**、* 分别表示在 1%、5%、10% 水平上显著。

表 7-13　政治关联与最终控制人交互作用下的盈余平滑度与企业投资效率的回归结果（投资过度样本）

	投资过度样本	
	国有企业	非国有企业
CONSTANT	-0.367*** (-3.858)	-0.108 (-0.818)
$\|Smooth\|_{t-1}$	0.000 (-0.011)	0.055** (2.119)
$Pol_{t-1}*\|Smooth\|_{t-1}$	-0.036 (-1.381)	-0.052*** (-3.313)
Pol_{t-1}	0.017 (0.824)	0.051* (1.645)
$Grow_{t-1}$	-0.003 (-0.539)	-0.004 (-0.241)
ROA_{t-1}	-0.208*** (-3.075)	-0.434*** (-3.784)
LEV_{t-1}	-0.003 (-0.106)	-0.007 (-0.194)
$Size_{t-1}$	0.020*** (5.404)	0.023*** (3.674)
Year	控制	控制
Industry	控制	控制
N	887	386
Adj.R^2	0.206	0.327
F	7.711***	4.936***

注：各个回归变量的 VIF 都小于 5，不存在多重共线性问题；***、**、* 分别表示在 1%、5%、10% 水平上显著。

表 7-14~表 7-15 列示的是在政治关联与最终控制人交互作用下，分别以投资不足和投资过度作为因变量，以低的盈余质量为表征的会计信息质量作为自变

量的回归结果。在投资不足样本中，不论是国有企业还是非国有企业，盈余质量的系数均显著为正；且国有企业的盈余质量系数值 0.719 小于非国有企业的会计稳健性系数值 2.231，同时采用 Wald 检验，对国有企业和非国有企业两组独立样本进行差异性检验，得到 P 值为 0.004。说明非国有企业里盈余质量的作用显著强于国有企业。政治关联与盈余质量的交乘项系数，非国有企业里该系数在 5% 的水平上显著且为负，而在国有企业里的系数不显著，说明政治关联与盈余质量的交互作用在非国有企业里更为显著。不论在国有企业还是非国有企业里，政治关联的系数都不显著。在投资过度样本中，国有企业和非国有企业的盈余质量的系数均显著，但国有企业里的该系数值 0.199 小于非国有企业里的 0.202；采用 Wald 检验，对国有企业和非国有企业两组独立样本进行差异性检验，得到 P 值为 0.002。表明虽然在国有企业和非国有企业里，盈余质量都与投资过度显著相关，但在非国有企业里显著作用更为大。非国有企业样本中的政治关联与盈余质量的交乘项系数为负，t 值显著，说明在投资过度样本企业里，政治关联依然显

表 7-14 政治关联与最终控制人交互作用下的盈余质量与企业投资效率的回归结果（投资不足样本）

	投资不足样本	
	国有企业	非国有企业
CONSTANT	0.464（1.273）	-0.864（-1.708）
$\|Acq\|_{t-1}$	0.719*（1.880）	2.231***（4.396）
$Pol_{t-1}*\|Acq\|_{t-1}$	-1.738（-0.904）	-1.02**（-2.348）
Pol_{t-1}	0.047（1.066）	0.078（1.168）
$Grow_{t-1}$	-0.007（-1.088）	-0.004（-1.175）
ROA_{t-1}	0.480（1.319）	0.633（1.301）
LEV_{t-1}	0.129（1.186）	-0.216（-1.350）
$Size_{t-1}$	0.012（0.686）	0.083***（3.405）
Year	控制	控制
Industry	控制	控制
N	1514	869
Adj.R^2	0.391	0.494
F	3.181***	3.774***

注：各个回归变量的 VIF 都小于 5，不存在多重共线性问题；***、**、* 分别表示在 1%、5%、10% 水平上显著。

表 7-15　政治关联与最终控制人交互作用下的盈余质量与企业投资效率的回归结果（投资过度样本）

	投资过度样本	
	国有企业	非国有企业
CONSTANT	-0.182**（-1.994）	-0.063（-0.439）
$\|Acq\|_{t-1}$	0.199*（1.909）	0.202*（1.781）
$Pol_{t-1}*\|Acq\|_{t-1}$	-0.396（-1.487）	-0.347**（-2.141）
Pol_{t-1}	0.033（1.265）	0.036**（2.139）
$Grow_{t-1}$	-0.002（-0.302）	-0.003（-0.396）
ROA_{t-1}	-0.316***（-4.083）	-0.253*（-1.823）
LEV_{t-1}	-0.067**（-2.628）	-0.054（-1.367）
$Size_{t-1}$	0.025***（5.709）	0.018**（2.649）
Year	控制	控制
Industry	控制	控制
N	887	386
Adj.R^2	0.289	0.374
F	6.023***	3.954***

注：各个回归变量的 VIF 都小于 5，不存在多重共线性问题；***、**、* 分别表示在 1%、5%、10% 水平上显著。

著影响了盈余质量对投资效率的作用。在国有企业中，该系数不显著，表明国有企业的政治关联没有显著影响盈余质量与投资效率的关系。但非国有企业里的政治关联系数显著为正，说明在该企业里政治关联显著加剧了企业的投资过度，这也表明非国有企业更为依赖政治关联。

综上所述，表 7-8~表 7-15 的结果从四个不同角度的会计信息质量证实了假设 7-1 和假设 7-2。

三、稳健性检验

为了检验以上结论是否稳健可靠，本书采用如下方法进行进一步的验证：用正的盈余激进的值替换其绝对值，代入第五章中的模型（5-1）、模型（5-2）、模型（5-3）和模型（5-4）四个计量模型进行回归分析。回归结果见表 7-16~表 7-17。表 7-16 显示的是在政治关联与最终控制人交互作用下，盈余激进度与投资不足的关系；表 7-17 显示的是在政治关联与最终控制人交互作用下，盈余激进度与投资过度的关系。实证结果与前文的实证结果一致，说明本章的检验结果是稳健的。

表 7-16 政治关联与最终控制人交互作用下的盈余激进度与企业投资效率的回归结果（投资不足样本）

	投资不足样本	
	国有企业	非国有企业
CONSTANT	0.616（1.033）	1.992**（2.258）
$ACCA_{t-1}$	0.118（0.442）	0.370**（2.917）
$Pol_{t-1}*ACCA_{t-1}$	-0.156（-0.472）	-0.207*（-1.698）
Pol_{t-1}	0.013（0.192）	0.030（0.267）
$Grow_{t-1}$	0.010***（2.681）	0.210**（2.499）
ROA_{t-1}	1.402**（2.424）	0.332（0.311）
LEV_{t-1}	0.584***（2.625）	0.806**（2.116）
$Size_{t-1}$	-0.016（-0.571）	-0.082*（-1.874）
Year	控制	控制
Industry	控制	控制
N	453	209
Adj.R^2	0.146	0.122
F	8.020***	3.625***

注：各个回归变量的 VIF 都小于 5，不存在多重共线性问题；***、**、* 分别表示在 1%、5%、10% 水平上显著。

表 7-17 政治关联与最终控制人交互作用下的盈余激进度与企业投资效率的回归结果（投资过度样本）

	投资过度样本	
	国有企业	非国有企业
CONSTANT	-0.390**（-2.358）	-0.239（-0.788）
$ACCA_{t-1}$	-0.038（-1.114）	0.106**（2.437）
$Pol_{t-1}*ACCA_{t-1}$	0.047（0.853）	-0.158*（-1.701）
Pol_{t-1}	-0.017（-0.892）	-0.128（-1.648）
$Grow_{t-1}$	0.013（1.291）	0.010（0.242）
ROA_{t-1}	-0.153（-0.795）	-0.925**（-3.010）
LEV_{t-1}	0.013（0.211）	-0.059（-0.618）
$Size_{t-1}$	0.022***（3.206）	0.016（1.141）
Year	控制	控制
Industry	控制	控制
N	182	82
Adj.R^2	0.127	0.142
F	3.644***	2.343

注：各个回归变量的 VIF 都小于 5，不存在多重共线性问题；***、**、* 分别表示在 1%、5%、10% 水平上显著。

第八章 研究结论、政策建议与研究展望

本章对本书做一个总结，具体内容包括以下几个方面：总结和归纳本专著的研究结论，提出本专著的研究启示和政策建议，并对本专著的研究局限进行分析，提出需要进一步研究的问题。

第一节 研究结论

本书以我国上市公司为研究对象，以转型经济下政府与企业的关系为研究背景，研究了会计信息对企业投资效率的影响，在此基础上，加入政治关联和政府最终控制人两个政府干预的要素，进一步分析分别在政治关联、政府最终控制人以及政治关联和政府最终控制人交互影响下的会计信息质量和企业投资效率的关系。得到了如下几个主要结论：

第一，企业的投资活动，作为企业非常重要的战略决策，会因信息不对称引发的融资约束以及投资者与管理者之间的代理问题导致投资效率低下，而高质量的会计信息可以改善信息不对称和代理问题。因此，本书从会计稳健性、盈余激进度、盈余平滑度和低的盈余质量四个角度来研究会计信息质量与投资效率的相

关关系。研究发现：会计稳健性能有效改善企业的投资不足和投资过度，提升企业的投资效率；盈余激进度会加剧企业的投资不足和投资过度，降低企业的投资效率；盈余平滑度会加剧企业的投资不足和投资过度，降低企业的投资效率；低的盈余质量也会加剧企业的投资不足和投资过度，降低企业的投资效率。

以上四个结论从高质量的会计信息（会计稳健性）和低会计信息的质量（盈余激进度、盈余平滑度和低的盈余质量）两个方面证明了高质量的会计信息可以改善企业的投资不足和投资过度，提升企业的投资效率。

第二，政府干预企业的方式之一是政治关联。一方面，企业为了取得有利资源与政府建立起政治关联，政治关联引致的资源优势有助于企业减轻面临的融资约束。但也正是政治关联为企业提供的这一“隐性担保”功能，降低了资金提供各方对高透明度会计信息的需求，使得政治关联企业不再需要依靠高透明度的会计信息来改善信息不对称，进而缓解企业因融资约束而导致的投资不足。另一方面，政治关联在带来诸多资源的同时，也会加剧管理者的代理问题。因此，本书以会计稳健性、盈余激进度、盈余平滑度和低的盈余质量作为会计信息质量的替代变量，研究政治关联对会计信息与投资效率关系的影响。研究发现，与有政治关联的企业相比，没有政治关联的企业的高质量会计信息可以更为有效地改善投资不足；与有政治关联的企业相比，没有政治关联的企业的高质量会计信息可以更为有效地改善投资过度。

综合上述研究结论，说明政府通过政治关联的形式干预企业，导致了高质量会计信息对企业投资效率的提升作用被弱化，政府干预给企业带来负面作用。

第三，政府干预企业的另外一种方式，政府作为企业的最终控制人，往往会加剧企业的代理问题。一方面，政府既是国有企业的所有者，也是社会事务的管理者，因此，政府官员有动机通过参与国有企业的经营来完成社会的政治目标，从而改变国有企业的目标，加剧了作为内部人的政府大股东与外部中小股东之间的代理问题。另一方面，国家作为最终控制人，会使得内部人拥有公司的重要控制权，从而出现“内部人控制”等问题，加剧了管理者与股东之间的代理问题。

由此，国有企业中会计信息质量缓解代理问题的功能被弱化。非国有企业的治理结构更加健康，内部人与外部人之间的代理问题不突出。非国有企业中会计信息透明度的治理功能没有由此受到影响。本书以会计稳健性、盈余激进度、盈余平滑度和低的盈余质量作为会计信息质量的替代变量，研究政府作为最终控制人对会计信息与投资效率关系的影响，研究发现，相对于国有企业，高质量的会计信息对企业的投资不足的改善作用，在非国有企业中更为显著；相对于国有企业，高质量的会计信息对企业的投资过度的改善作用，在非国有企业中更为显著。

综合上述研究结论，说明政府通过最终控制人的形式干预企业，导致了高质量会计信息对企业投资效率的提升作用被弱化，政府干预给企业带来负面作用。

第四，在两种政府干预形式共同作用下，不同最终控制人的企业在具有政治关联时，会计信息质量对投资效率的提升作用出现了显著差异。其原因在于，民营企业为了进入政府管制行业，为了获取政府掌控的资源，会比国有企业更加依赖政治关联。另外，国有企业的政治关联能有效抑制政府对企业的干预，弱化政府最终控制权对企业的负面作用。因此，本书以会计稳健性、盈余激进度、盈余平滑度和低的盈余质量作为会计信息质量的替代变量，研究政治关联与政府作为最终控制人交互作用下会计信息质量与投资效率之间的关系。研究发现，相对于国有企业，在具有政治关联的非国有企业中，会计信息质量对企业投资不足或投资过度的改善作用被显著降低；相对于非国有企业，在具有政治关联的国有企业中，会计信息质量对企业投资不足或投资过度的作用没有受到显著影响。

综合上述研究结论，说明在政府干预的两种形式——政治关联与最终控制人的交互作用下，在具有政治关联的非国有企业里，会计信息质量对企业投资效率的改善受到的负面影响更大；政府干预通过政治关联的方式对非国有企业特别是民营企业造成了负面影响。

第二节 政策建议

根据本书的理论分析和实证检验结果，在健全企业的会计信息质量、规范政府行为、加快市场化的进程等方面，有如下政策建议：

第一，基于目前我国企业普遍存在的投资失效现象，应加强会计信息在企业中对投资效率的治理作用。一方面，应从会计制度的角度进一步完善我国企业的财务报告体系。新的《会计准则》为与国际会计准则接轨，强调公允价值在会计制度中的作用，但事实表明，更加稳健的会计信息更有利于会计信息在企业中的治理作用。因此，制定会计制度的相关部门应在政策制定时重视和强调会计稳健性、会计信息透明度和会计盈余质量的重要性，引导企业在日常的财务生活中更加注重提升会计信息的质量。除此之外，会计信息的监管部门应通过颁布更为有效的强制性与自愿性相结合的会计信息披露制度，引导和督促企业为会计信息需求各方提供更加透明的高质量会计信息。另一方面，企业自身应更加重视财务信息，努力提供质量更高的会计信息。企业的管理者应意识到提升会计信息质量对于企业发展的重要性，在国家颁布的会计制度的框架下设立本企业的会计制度，严格监督会计信息的产生过程，不断提升会计人员的素质，以保证企业的财务信息的高质量。

第二，应弱化企业对政治关联这一政府干预经济方式的依赖，减轻政治关联在企业中的负面影响。企业之所以愿意与政府建立政治关联，是由于许多资源与行业由政府掌控，为了获取有利资源和进入管制行业，企业更倾向于通过与政府的关联关系来打败竞争对手，以获取垄断利润。通过本书的分析，发现政治关联在带给企业有利资源的同时，也影响了会计信息对企业投资的提升作用，损害了企业的健康发展。因此，应弱化企业对政治关联的依赖。一方面，政府应当放开对稀缺资源和行业的管制，让更多的企业能够自由进入该行业，运用市场化的手段来调节资源在企业之间的分配，让企业意识到只有采用市场化竞争的手段才能获得利润；而政府只对事关国家命脉的行业进行管制，让自己成为“援助之手”而非“掠夺之手”。另一方面，企业应增强自身的竞争实力，通过新技术、新产品的开发以及企业内部成本的管控，来达到提升企业价值的目的，而非依靠通过与政府建立关系等非市场化的手段来获取垄断利润，由此建立一个更加健康和市场化的竞争环境。

第三，应进一步完善国有企业的治理结构，弱化政府通过最终控制权对企业的干预，减轻政府对企业的负面影响。由于政府的最终控制权，国有企业面临着政府干预和“内部人控制”的问题，为了理顺国有企业的治理结构，需要弱化政府对企业的干预并加强对“内部人控制”的监督。一方面，政府特别是地方政府应该尽快完成其职能的转换，由对国有企业的微观管理向宏观调控转变。政府应彻底改变依靠行政命令参与企业治理结构的方式，而应运用宏观经济政策进行宏观“控制”或“调节”，例如，完全通过运用财政支出、货币供给等宏观手段来影响市场经济中各个部门的行为，让管理者真正实现独立自主地进行经营决策。另一方面，政府应加强对国有企业管理者的监督。为了进一步改善国有资产所有者缺位的问题，政府应加强国资委对国有资产的管理，并对国有企业管理者的剩余控制权进行有效的限制；同时，应通过完善董事委派制度，建立董事监督职能的考核和激励机制，以加强对国有企业管理者的监督。政府职能的转变与市场化进程的深入，都离不开法律制度的保障。政府应保证法律法规在全国的统一实施，建立更为完善的依法行政体制，以保证政府行政过程的公开、透明和可预见性。

第三节　本书研究的不足与研究展望

本书以转型经济下政府对企业的干预作为切入点，基于企业的投资效率改善问题对会计信息质量与投资效率的关系及在政府干预下的两者关系进行了一些尝试性的研究。但是，由于受篇幅、时间及作者研究水平的限制，仍有许多问题没有得到展开和充分的论述，有的问题甚至还没有进入本书的研究视野，因此本书研究存在一定的局限性，以下几方面内容还有待于在未来进行深化和扩展。

一、企业投资效率的度量研究

本书已经意识到科学和准确度量企业投资效率的重要性，但是，由于前人的研究大都通过间接的衡量投资—现金流敏感或者 Tobin's Q 来度量投资效率，而 Richardson 模型具有能够直接度量投资过度或投资不足以反映企业投资效率的优势，因此本书借鉴 Richardson 模型对我国上市公司的投资效率进行度量。但是，Richardson 模型被广泛运用于研究西方国家上市公司的问题，在中国的运用才是最近几年的事情，其对中国上市公司的适用性有多高还有待进一步的考察。因此，如何更加科学地度量我国上市公司的投资效率，研究出具有中国特色的投资效率的度量方法，将是以后研究的一个重要方向。

二、政治关联对会计信息影响的路径研究

本书通过理论分析及实证研究证明政治关联会影响到会计信息质量，但政治关联如何通过放松会计信息的需求以及增加企业的政治成本这两个中介变量来影

响企业的会计信息质量的实证研究，本书还没有涉及。这一问题的研究是政治关联影响会计信息的前提和基础。并且，政治成本这一变量的度量也是一大难题，这也是研究界仅基于理论探讨而很少对其进行实证研究的原因。但是该问题的研究能够有助于更深入地理解政治关联影响企业行为的路径，为政府成为“掠夺之手”提供更有利的理论依据，这将成为今后需要进一步探讨的方向。

参考文献

[1] Adhikari A., Derashid C., Zhang H.. Public Policy, Political Connections and Effective Tax Rates: Longitudinal Evidence from Malaysia [J]. Journal of Accounting and Public Policy, 2006 (25): 574-595.

[2] Aghion P., P. Bolton. An Incomplete Contracts Approach to Financial Contracting [J]. Review of Economic Studies, 1992 (59): 473-494.

[3] Ahmed. Law, Religiosity and Earnings Opacity Internationally, International Journal of Accounting [J]. Auditing and Performance Evaluation, 2004 (1): 493-502.

[4] Ahmed A. S., Billings B. K., Morton R. M.. The Role of Accounting Conservatism in Mitigating Bondholder-shareholder Conflicts over Dividend Policy and in Reducing Debt Costs [J]. Accounting Review, 2002, 77 (4): 867-890.

[5] Ahmed A. S., Duellman S.. Accounting Conservatism and Board of Director Characteristics: An Empirical Analysis [J]. Journal of Accounting & Economics, 2007 (43): 411-437.

[6] Allen F., Qian J., Qian M.. Law, Finance, and Economic Growth in China [J]. Journal of Financial Economics, 2005 (77): 57-116.

[7] Athey M. J., Laumas P. S.. Internal Funds and Corporate Funds in India

[J]. Journal of Development Economics, 1994 (45): 287-303.

[8] Ball R., Shivakumar L.. Earnings Quality in UK Private Firms: Comparative Loss Recognition Timeliness [J]. Journal of Accounting and Economics, 2005, 39 (1): 83-128.

[9] Basu S.. The Conservatism Principle and the Asymmetric Timeliness of Earnings [J]. Journal of Accounting and Economics, 1997, 39 (24): 3-38.

[10] Beaver W. H., S. G. Ryan. Biases and Lags in Book Value and Their Effects on the Ability of the Book-to-market Ratio to Predict Book Return on Equity [J]. Journal of Accounting Research, 2000, 38 (1): 127-148.

[11] Berle A., G. Means. The Modern Corporation and Private Property [M]. New York Mamillan, 1932.

[12] Bennedsen M.. Political Ownership [J]. Journal of Public Economics, 2000, 76 (3): 559-561.

[13] Bertrand M., Mullainathan S.. Are Emily and Greg More Employable than Lakisha and Jamal? A Field Experiment on Labor Market Discrimination [J]. American Economic Review, 2004, 94 (4): 991-1013.

[14] Bhattacharya U., H. Daouk, M. Welker. The World Pricing of Earnings Opacity [J]. Accounting Review, 2003 (78): 641 - 678.

[15] Biddle G., G. Hilary. Accounting Quality and Firm-level Capital Investment [J]. The Accounting Review, 2006, 81 (5): 963-983.

[16] Biddle G., Hilary G., Verdi R.. How Does Financial Reporting Quality Relate to Investment Efficiency? [J]. Journal of Accounting and Economics, 2009, 48 (2-3): 112-131.

[17] Blanchard O., A. Shleifer. Federalism with and without Political Centralization: China versus Russia [R]. NBER Working Paper, 2000.

[18] Boubakri N., Cosset J., C. Saffar W.. Political Connections of Newly

Privatized Firms [J]. Journal of Corporate Finance, 2008 (14): 654-673.

[19] Boycko M., A. Shleifer, R. Vishny. Privatizing Russia [M]. Cambridge Mass: MIT Press, 1995.

[20] Bushman R. M., P. Joseph D.. Financial Reporting Incentives for Conservative Accounting: the Influence of Legal and Political Institutions[J]. Journal of Accounting and Economics, 2006, 42 (1-2): 107-148.

[21] Bushman R. M., A. Smith. Financial Accounting Information and Corporate Governance [J]. Journal of Accounting Economics, 2001 (31): 237-333.

[22] Bushman R. M., P. Joseph D., A. Smith. What Determines Corporate Transparency? [J]. Journal of Accounting Research, 2004 (42): 207-252.

[23] Chaney P. K., Faccio M., D. Parsley. The Quality of Accounting Information in Politically Connected Firms [R]. Working Paper, Vanderbilt University, 2008.

[24] Chaney P. K., Faccio M., D. Parsley. The Quality of Accounting Information in Politically Connected Firms [J]. Journal of Accounting and Economics, 2011 (51): 58-76.

[25] Charumilind C., Kali R., Wiwttanakantang Y.. Connected Lending: Thailand before the Financial Crisis [J]. Journal of Business, 2006 (79).

[26] Chuang K.. Business Groups in Japan and Korea: Theoretical Boundaries and Future Direction [J]. International Journal of Political Economy, 2004, 34 (3): 67-98.

[27] Chen S., Z. Sun., S. Tang, D. Wu. Government Intervention and Investment Efficiency: Evidence from China [J]. Journal of Corporate Finance, 2010 (17): 259-271.

[28] Chen G., Williams D. W.. How Political Support Influence Red Tape through Developmental Culture [J]. Policy Studies Journal, 2007, 35 (3): 419-436.

[29] Clarkson P., J. Guedes, R. Thompson. On the Diversification, Observability, and Measurement of Estimation Risk[J]. Journal of Financial and Quantitative Analysis, 1996, 31 (1): 69-84.

[30] Cleary S.. The Relationship between Firm Investment and Financial Status [J]. Journal of Finance, 1999, 54 (2): 673-692.

[31] Cohen, D. A.. Quality of Financial Reporting Choice: Determinants and Economic Consequences [R]. Working Paper, SSRN, 2003.

[32] Conyon M., K. Murphy. The Prince and the Pauper? CEO Pay in the U.S. and the U. K. [J]. Economic Journal, 2000 (110): 640-671.

[33] Cornett M. M., Marcus A. J., Tehranian H.. Corporate Governance and Pay-for-Performance: the Impact of Earnings Management [J]. Journal of Financial Economic, 2008, 87 (2): 357-373.

[34] Dechow Patrcia, Dichev Llia. The Quality of Accruals and Earnings: the Role of Accrual Estimation Errors [J]. The Accounting Review, 2002 (77): 35-59.

[35] Dechow P., Sloan R., Sweeney A.. Detecting Earning Management [J]. The Accounting Review, 1995, 70 (2): 193-266.

[36] Degryse H., Jong A. D.. Investment and Internal Finance: Asymmetric Information or anagerial Discretion? [J]. International Journal of Industry Organization, 2001, 24 (1): 125-147.

[37] Devereux M., F. Schiantarelli. Investment Financial Factors and Cash Flow: Evidence from U. K. [M]. University of Chicago Press, 1990: 279-306.

[38] Durnev A., Morck R., Yeung B.. Value-enhancing Capital Budgeting and Firmspecilfic Stock Return Variation[J]. Journal of Finance, 2004, 59 (1): 65-105.

[39] Faccio M.. Politically Connected Firms: Can They Squeeze the State? [J]. American Economic Review, 2006 (96): 369-386.

[40] Faccio M.. The Characteristics of Politically Conneted Firms [R]. Working

Paper, Vanderbilt University, 2007.

[41] Faccio M., R. W. Masilis, J. J. Mcconel. Political Connections and Corporate Bailouts [J]. Journal of Finance, 2006.

[42] Fan J. P., Wong T. J., Zhang T.. Politically Connected CEOs, Corporate Governance and Post -IPO Performance of China's Newly Partially Privatized Firms [J]. Journal of Financial Economics, 2007 (84): 330–357.

[43] Fazzari S. M., Petersen B. C.. Working Capital and Fixed Investment: New Evidence on Financing Constraints [J]. Journal of Economics, 1993 (24): 328–342.

[44] Fazzari S. M., Hubbard R. G., Petersen B. C.. Financing Constraints and Corporate Investment [J]. Brookings Papers on Economic Activity, 1988 (1): 141–195.

[45] Feldmann S. E., Bennedsen M.. Lobbying Bureaucrats: Delegation and Influence under Alternative Political Structures [C]. Conference Papers, Midwestern Political Science Association, 2004: 1–44.

[46] Francis B. B., Hasan L., Sun X.. Political Connection and the Process of Going Public: Evidence from China [J]. Journal of International Money and Finance, 2009 (30): 1–24.

[47] Francis J., LaFond R., Olsson P. M.. Cost of Equity and Earnings Attributes [J]. The Accounting Review, 2004, 79 (4): 967–1010.

[48] Francis J., Philbrick D., Schipper K.. Shareholder Litigation and Corporate Disclosures [J]. Journal of Accounting Research, 1994, 32 (2): 137–164.

[49] Francis J. R., Martin X.. Acquisition Profitability and Timely Loss Recognition [R]. Working Paper, SSRN, 2009.

[50] Francis J. R., Reichelt K., Wang D.. The Pricing of National and City-Specific Reputations for Industry Expertise in the U.S. Audit Market [J]. Accounting

Review, 2005, 80 (1): 113-136.

[51] Francis J., Nanda D., Wang X. 2006. Re-examing the Effects of Regulation Fair Disclosure Using Foreign Listed Firms to Control of Concurrent Shocks [J]. Journal of Accounting & Economics, 41 (3): 271-292.

[52] Givoly D., C. Hayn. Rising Conservatism: Implications for Financial Analysis [J]. Financial Analysts Journal, 2002, 58 (1): 56-74.

[53] Goldman E., Slezak S. L.. An Equilibrium Model of Incentive Contracts in the Presence of Information Manipulation [J]. Journal of Financial Economics, 2006, 80 (3): 603-626.

[54] Goel A. M., Thakor A. V.. Overconfidence, CEO Selection, and Corporate Governance [J]. Journal of Finance, 2008, 63 (6): 2737-2784.

[55] Guedhami O., Pittman J.. The Importance of IRS Monitoring to Debt Pricing in Private Firms [J]. Journal of Financial Economics, 2008, 90 (1): 38-58.

[56] Hakan O., Yurtoglu B. B.. The Impact of Corporate Governance Structures on the Corporate Investment Performance in Turkey [J]. Corporate Governance: An International Review, 2006, 14 (4): 349-363.

[57] Heaton J. B.. Managerial Optimism and Corporate Finance [J]. Financial Management, 2002, 31 (2): 33-45.

[58] Hope O., Thomas W. B.. Managerial Empire Building and Firm Disclosure [R]. Working Paper, SSRN, 2008.

[59] Hubbard R. G.. Capital Market Imperfections and Investment [J]. Journal of Economic Literature, 1998, 36 (1): 193-225.

[60] Jensen M. C.. Agency Costs of Free Cash Flow. Corporate Finance and Takeovers [J]. American Economic Review , 1986 (76): 323-329.

[61] Jensen M. C., W. H. Meckling. Theory of the Firm: Managerial Behavior, Agency Costs and Ownership Structure [J]. Journal of Financial Economics, 1976

(3): 305-360.

[62] Johnson S., Mitton T.. Cronyism and Capital Controls: Evidence from Malaysia [J]. Journal of Financial Economics, 2003, 67 (2): 351-382.

[63] Johnson V. E., Khurana I. K., Reynolds J. K.. Audit Firm Tenure and the Quality of Financial Reports[J]. Contemporary Accounting Research, 2002, 19 (4): 637-659.

[64] Jones J. J.. Earnings Management during Import Relief Investigations [J]. Journal of Accounting Research, 1991 (29): 193-228.

[65] Kanodia C., Lee D.. Investment and Disclosure: the Disciplinary Role of Periodic Performance Reports [J]. Journal of Accounting Research, 1998, 36 (1): 33-55.

[66] Kaplan S. N., Minton B. A.. How Has CEO Turnover Changed? [J]. International Review of Finance, 2012, 12 (1): 57-87.

[67] Kaplan S. N., Stromberg P.. Venture Capitalists as Principals: Contracting, Screening, and Monitoring [J]. American Economic Review, 2001, 91 (2): 426-430.

[68] Kaplan S. N., L. Zingales L.. Do Investment -Cash Flow Sensitivities Provide Useful Measures of Financial Constraints? [J]. Quarterly Journal of Economics, 1997, 112 (1): 169-215.

[69] Kellogg R. L.. Accounting Activities, Security Prices, and Action Lawsuits [J]. Journal of Accounting & Economics, 1984, 6 (3): 185-204.

[70] Khan M., Watts R. L.. Estimation and Empirical Properties of a Firm-Year Measure of Accounting Conservatism [M]. MIT Sloan School of Management, 2009.

[71] Khwaja A. I., Mian A. Do Lenders Favor Politically Connected Firms? [J]. The Quarterly Journal of Economics, 2005 (120): 1371-1411.

[72] Kormendi R., Lipe R.. Earnings Innovations, Earnings Persistence, and

Stock Returns [J]. Journal of Business, 1987, 60 (3): 323-345.

[73] Lambert R., C. Leuz, R. Verrecchia. Accounting Information, Disclo-sure, and the Cost of Capital [J]. Journal of Accounting Research, 2007 (5): 385-420.

[74] La Porta R., F. Lopez-de-Silance, A. Shleifer. Corporate Ownership around the World [J]. Journal of Finance, 1999, 54 (2).

[75] La Porta R., F. Lopez-de-Silance, A. Shleifer, Vishny R.. Investor Pro-tection and Corporate Governance [J]. Journal of Financial Economics, 2000 (58): 3-27.

[76] Lara G., Juan M., Beatriz G. O., Femando P.. Accounting Conservatism and Corporate Governance [J]. Review of Accounting Studies, 2009, 14 (1): 161-201.

[77] Lara G., Juan M., Beatriz G.O., Femando P.. Conditional Conservatism and Cost of Capital [J]. Review of Accounting Studies, 2011, 16 (2): 247-271.

[78] Leuz C., D. Nanda P., D. Wysocki. Discussion of ADRs, Analysts, and Accuracy: Does Cross-listing in the United States Improve a Firm's Information En-vironment and Increase Market Value? [J]. Journal of Accounting Research, 2003 (41): 347-362.

[79] Leuz C., Felix O. G.. Political Relationship, Global Financing, and Cor-porate Transparency: Evidence from Indonesia [J]. Journal of Financial Economics, 2006, 81 (2): 411-439.

[80] Leuz C., Verrecchia R. E.. The Economic Consequences of Increased Dis-closure [J]. Journal of Accounting Research, 2000 (38): 91-124.

[81] Li H., Meng L., Wang Q., Zhou L.. Political Connections, Financing and Firm Performance: Evidence from Chinese Private Firms [J]. Journal of Devel-opment Economics, 2008 (87): 283-299.

[82] Lin J., Cai F., Li Z.. Competition, Policy Burdens, and State-owned Enterprise Reform [J]. American Economics Review, 1998 (88): 422-427.

[83] Lin Y., Hu S., Chen M.. Managerial Optimism and Corporate Investment: Some Empirical Evidence from Taiwan [J]. Pacific-Basin Finance Journal, 2005, 13 (5): 523-546.

[84] Lu Y.. Political Connections and Trade Expansion: Evidence from Chinese Private Firms [M]. The University of Hong Kong, 2008.

[85] Loktionov Y.. Does Accounting Quality Mitigate Risk Shifting? [R]. Working Paper, SSRN, 2009.

[86] Malmendier U., Tate G.. CEO Overconfidence and Corporate Investment [J]. The Journal of Finance, 2005, 60 (6): 2661-2700.

[87] Mark K., Clifford F.. A Test of Stulz's Over Investment Hypothesis [J]. Financial Review, 1995, 30 (3): 387-398.

[88] McConnell J., J. Servaes H.. Additional Evidence on Equity Ownership and Corporate Value [J]. Journal of Financial Economics, 1990, 27 (2): 595-612.

[89] McNichols M. F.. Discussion of the Quality of Accruals and Earnings: the Role of Accrual Estimation Errors [J]. The Accounting Review, 2002 (77): 61-69.

[90] McNichols M. F., Stubben S.. Does Earnings Management Affect Firms' Investment [R]. Working Paper, SSRN, 2008.

[91] Mikkelson W. H., Partch M. M.. Managers' Voting Rights and Corporate Control [J]. Journal of Financial Economics, 1989, 25 (2): 263-290.

[92] Milgrom P., J. Roberts. Economics, Organization and Management [M]. Englewood Cliffs, N. J. Prentice Hall, 1992.

[93] Modigliani F., Miller M. H.. The Cost of Capital, Corporation Finance and Theory of Investment [J]. American Economic Review, 1958, 48 (3): 261-297.

[94] Murphy K.. Executive Compensation [M]. Handbook of Labor Economics,

North Holland, Amsterdam, 1999 (3): 2485–2563.

[95] Murphy K. J., Zimmerman J. L.. Financial Performance Surrounding CEO Turnover [J]. Journal of Accounting & Economics, 1993 (16): 273–315.

[96] Murray A. S., Hassan K. P.. Stock Compensation Accounting under FAS 123: What We've Learned [J]. Journal of Corporate Accounting & Finance, 1997, 8 (4): 73–83.

[97] Myers S. C.. Determinants of Corporate Borrowing [J]. Journal of Financial Economics, 1977 (2): 147–175.

[98] Myers S. C., Majluf N.. Corporate Financing and Investment Decisions When Firms Have Information that Investors Do Not Have [J]. Journal of Financial Economics, 1984 (13): 187–221.

[99] Nelson M. W., Krische S., Bloomfield R. 2003. Confidence and Ivestors' Reliance on Disciplined Trading Strategies [J]. Journal of Accounting Research, 41 (3): 503–523.

[100] Pearce G.. Connections as Substitute for Formal Institutional Support [J]. Academey of Management Journal, 1996, 39 (6): 1641–1658.

[101] Penman S. H.. The Quality of Financial Statements: Perspectives from the Recent Stock Market Bubble [J]. Accounting Horizons, 2003 (17): 77–96.

[102] Piotroski J. D., Srinivasan S.. Regulation and Bonding: the Sarbanes–Oxley Act and the Flow of International Listings [J]. Journal of Accounting Research, 2008, 46 (2): 383–425.

[103] Qian Y., B. Weingast. China's Transition to Market: Market–Perserving Federalism, Chinese Style [J]. Journal of Policy Reform, 1996 (1): 148–185.

[104] Richardson S.. Over–investment of Free Cash Flow [J]. Review of Accounting Studies, 2006 (11): 159–189.

[105] Risberg M.. Does Earnings Qaulity Matter for the Investment Decision?

[R]. University of Goteborg Working Paper, 2006.

[106] Roll R.. The Hubris Hypothesis of corporate takeovers [J]. Journal of Business, 1986, 59 (2): 197–216.

[107] Sapienza P.. The Effects of Government Ownership on Bank Lending [J]. Journal of Financial Economics, 2004, 72 (2): 357–384.

[108] Scott V. D.. Discussion of Extending the Accounting Brand to Privacy Services [J]. Journal of Information Systems, 2003, 17 (2): 111–114.

[109] Shleifer A. R., W. Vishny. Politicians and Firms [J]. Quarterly Journal of Economics, 1994, 109 (4): 995–1025.

[110] Shleifer A. R., W. Vishny. A Survey of Corporate Governance [J]. Journal of Finance, 1997 (52): 737–783.

[111] Shleifer A. R., W. Vishny. The Grabbing Hand: Government Pathologies and Their Cures [M]. Harvard University Press, 1998.

[112] Skinner D.. Are Disclosures about Bank Derivatives and Employee Stock Options "Value–relevant"? [J]. Journal of Accounting & Economics, 1996, 22 (1–3): 393–405.

[113] Sloan R. G.. Do Stock Prices Fully Reflect Information in Accruals and Cash Flows about Future Earnings? [J]. Accounting Review, 1996, 71 (3): 289–315.

[114] Stein J.. Agency, Information and Corporate Investment [M]. Handbook of the Economics of Finance, Edited by George Constantinides, Milt Harris and Rene Stulz, Elsevier, 2003: 111–165.

[115] Stiglitz J., A. Weiss. Credit Rationing and Markets with Imperfect Information [J]. American Economic Review, 1981 (71): 393–411.

[116] Strong J. S., J. R. Meyer. Sustaining Investment Discretionary Investment and Valuation. A Residual Funds Study of the Paper Industry in R. Glenn Hubbard

[M]. University of Chicago Press, 1990: 127–148.

[117] Suijs J.. On the Value Relevance of Asymmetric Financial Reporting Policies [J]. Journal of Accounting Research, 2008, 46 (5): 1297–1321.

[118] Tang V. W.. Earning Management and Future Corporate Investment [R]. Working Paper, SSRN, 2007.

[119] Verdi R.. Financial Reporting Quality and Investment Efficiency [R]. Working Paper, Massachusetts Institute of Technology, 2006.

[120] Vogt S.. The Cash Flow. Investment Relationship Evidence from U. S. Manufacturing Firms [J]. Financial Management, 1994 (23): 3–20.

[121] Wang X.. Capital Allocation and Accounting Information Properties [D]. Emory University, Working Paper, 2003.

[122] Watts R.. Conservatism in Accounting Part Ⅱ: Evidence and Research Opportunities [J]. Accounting Horizons, 2003, 17 (4): 287–301.

[123] Watts R., J. Zimmerman. Agency Problems, Auditing and the Theory of the Firm: Some Evidence [J]. Journal of Law and Economics, 1983 (26): 613–634.

[124] Watts R., J. Zimmerman. Demand for and Supply of Accounting Theories–Market for Excuses [J]. Accounting Review, 1979, 54 (2): 273–305.

[125] Weisbach M.. Outside Directors and CEO Turnover [J]. Journal of Financial Economics, 1988, 20 (1–2): 431–460.

[126] Willamson O. E.. Transaction–Cost Economics: the Governance of Contractual Relation [J]. Journal of Law and Economics, 1979, 22 (2): 233–261.

[127] Wu X, Z. Wang. Equity Financing in a Myers–Majluf Framework with Private Benefits of Control [J]. Journal of Corporate Finance, 2005 (11): 915–945.

[128] Wurgler J.. Financial Markets and the Allocation of Capital [J]. Journal of Financial Economics, 2000 (58): 187–214.

[129] Xu N. H., Xu X. Z., Yuan Q. B.. Political Connections, Financing

Friction, and Corporate Investment: Evidence from Chinese Listed Family Firms [J]. European Financial Management, 2011 (5).

[130] Zhang G.. Accounting Information, Capital Investment Decisions, and Equity Valuation: Theory and Empirical Implications [J]. Journal of Accounting Research, 2000, 38 (2): 271-295.

[131] Zhang J., Yuan G.. Term Limits and Rotation of Chinese Governors: Do they matter to Economic Growth? [J]. Journal of the Asia Pacific Economy, 2008, 13 (3): 274-297.

[132] Zhang X. H.. Accruals, Investment, and the Accrual Anomaly [D]. The University of Chicago, 2006.

[133] 陈冬华. 地方政府、公司治理与补贴收入——来自我国证券市场的经验证据 [J]. 财经研究, 2003, 29 (9): 15-21.

[134] 陈汉文, 郑鑫成. 可操纵应计的市场反应——来自中国证券市场的实证证据 [J]. 财会通讯 (综合版), 2004 (4): 3-8.

[135] 陈运森, 朱松. 政治关系、制度环境与上市公司资本投资 [J]. 财经研究, 2009, 35 (12): 27-39.

[136] 程仲鸣, 夏银桂. 控股股东、自由现金流与企业过度投资 [J]. 经济与管理研究, 2009 (2): 19-24.

[137] 崔伟, 何一峰. 会计信息质量与公司投资行为——来自中国证券市场的经验证据 [J]. 财会通讯, 2008 (6): 39-42.

[138] 窦炜, 刘星, 安灵. 股权集中、控制权配置与公司非效率投资行为——兼论大股东的监督抑或合谋? [J]. 管理科学学报, 2011, 40 (11): 81-96.

[139] 杜兴强, 周泽将. 政治联系层级与中国民营上市公司真实业绩 [J]. 经济与管理研究, 2009 (8): 37-43.

[140] 葛家澍, 陈守德. 财务报告质量评估的探讨 [J]. 会计研究, 2001 (11): 9-18.

[141] 郝颖，刘星，林朝南. 我国上市公司管理者过度自信与投资决策的实证研究 [J]. 中国管理科学，2005 (5)：142-148.

[142] 胡旭阳. 民营企业家的政治身份与民营企业的融资便利——以浙江省民营企业百强为例 [J]. 管理世界，2006 (5)：107-113.

[143] 黄福广，周杰，刘建. 上市公司股权结构对投资决策的影响实证研究 [J]. 现代财经，2005，10 (25)：21-25.

[144] 黄新建，李晓辉. 上市房地产企业政治关联、过度自信与过度投资关系的实证研究 [J]. 建筑经济，2012 (2)：83-87.

[145] 孔东民，谭伟强. 最终控制人、政府背景与企业投资 [J]. 广东金融学院学报，2011 (1)：12-22.

[146] 何金耿，丁加华. 上市公司投资决策行为的实证分析 [J]. 证券市场导报，2001 (9)：44-47.

[147] 姜付秀，张敏，陆正飞. 管理者过度自信、企业扩张与财务困境 [J]. 经济研究，2009 (1)：131-143.

[148] 雷光勇，李书峰，王秀娟. 政治关联、审计师选择与公司价值 [J]. 管理世界，2009 (7)：145-155.

[149] 李明辉. 论财务会计信息在公司治理中的作用 [J]. 审计研究，2008 (4)：74-81.

[150] 李青原. 会计信息治理、审计监督与公司投资效率——来自我国上市公司的经验证据 [J]. 审计研究，2009 (4)：65-51.

[151] 李青原，陈超，赵曌. 最终控制人性质、会计信息质量与公司投资效率——来自中国上市公司的经验证据 [J]. 经济评论，2010 (2)：81-93.

[152] 柳华平. 中国政府与国有企业关系的重构——理论分析与制度设计 [M]. 四川：西南财经大学出版社，2005.

[153] 刘立国，杜莹. 公司治理与会计信息质量关系的实证研究 [J]. 会计研究，2003 (2)：28-36.

[154] 刘芍佳，孙霈，刘乃全. 终极产权论、股权结构及公司绩效 [J]. 经济研究，2003 (3)：51-62.

[155] 罗党论，刘晓龙. 政治关系、进入壁垒与企业绩效——来自中国民营上市公司的经验证据 [J]. 管理世界，2009 (5)：104-113.

[156] 罗党论，唐清泉. 政治关系、社会资本与政策资源获取：来自中国民营上市公司的经验证据 [J]. 世界经济，2009 (7)：84-96.

[157] 罗党论，甄丽明. 民营控制、政治关系与企业融资约束——基于中国民营上市公司的经验证据 [J]. 金融研究，2008 (12)：164-178.

[158] 梅丹. 我国上市公司固定资产投资规模财务影响因素研究 [J]. 管理科学，2005 (5)：80-86.

[159] 苗启虎. 信息不对称与我国融资市场结构的选择 [J]. 金融理论与实践，1999 (5)：10-11.

[160] 屈文洲，谢雅璐，叶玉妹. 信息不对称、融资约束与投资—现金流敏感性——基于市场微观结构理论的实证研究 [J]. 经济研究，2011 (6)：105-117.

[161] 孙兴亮，夏成才. 信息透明度对公司过度投资于融资约束的影响研究 [J]. 经济与管理研究，2011 (8)：39-49.

[162] 唐蓓，潘爱玲，王英英. 控股股东对过度投资影响的实证研究——来自中国上市公司的经验证据 [J]. 经济与管理研究，2011 (8)：92-98.

[163] 唐雪松，周晓苏，马如静. 上市公司过度投资行为及其制约机制的实证研究 [J]. 会计研究，2007 (7)：44--52.

[164] 田立军，朱献中. 产权性质、控制权和现金流权分离与企业投资行为 [J]. 经济与管理研究，2011 (11)：68-76.

[165] 王兵. 盈余质量与资本成本——来自中国上市公司的经验证据 [J]. 管理科学，2008，21 (3)：67-73.

[166] 王化成，佟岩. 控股股东与盈余质量——基于盈余反应系数的考察 [J]. 会计研究，2006 (2)：66-74.

[167] 王立彦，刘军霞. 上市公司境内外会计信息披露规则的执行偏差——来自 A-H 股公司双重财务报告差异的证据 [J]. 经济研究，2003 (11)：71-78.

[168] 王庆文，吴世农. 政治关系对公司业绩的影响——基于中国政治影响力指数的研究 [C]. 中国第七届实证会计国际研讨会. 西南交通大学，2008.

[169] 王宇峰，苏逶妍. 会计稳健性与投资效率——来自中国证券市场的经验证据 [J]. 财经理论与实践，2008，29 (155)：60-65.

[170] 王霞，张敏，于富生. 管理者过度自信与企业投资行为异化 [J]. 南开管理评论，2008 (2)：77-83.

[171] 魏峰，刘星. 融资约束、不确定性对公司投资行为的影响 [J]. 经济科学，2004 (2)：35-43.

[172] 吴文峰，吴冲锋，刘晓薇. 中国民营上市公司高管的政府背景与公司 [J]. 经济研究，2008 (7)：130-141.

[173] 吴文峰，吴冲锋，芮萌. 中国上市公司高管的政府背景与税收优惠 [J]. 管理世界，2009 (3)：134-142.

[174] 辛清泉，林斌，王彦超. 政府控制、经理薪酬与资本投资 [J]. 经济研究，2007 (8)：110-122.

[175] 辛清泉，王兵. 交叉上市、国际四大与会计盈余质量 [J]. 经济科学，2010 (4)：96-110.

[176] 徐晓东，张天西. 公司治理、自由现金流与非效率投资 [J]. 财经研究，2009 (10)：47-58.

[177] 杨丹，王宁，叶建明. 会计稳健性与上市公司投资行为——基于资产减值角度的实证分析 [J]. 会计研究，2011 (3)：27-33.

[178] 杨之曙，彭倩. 中国上市公司收益透明度实证研究 [J]. 会计研究，2004 (11)：62-70.

[179] 余明桂，潘红波. 政治关系、制度环境与民营企业银行贷款 [J]. 管理世界，2008 (9)：9-21.

［180］曾庆生，陈信元. 国家控股、超额雇员与劳动力成本［J］. 经济研究，2006（5）：74–86.

［181］曾颖，陆正飞. 信息披露质量与股权融资成本［J］. 经济研究，2006（2）：69–79.

［182］张纯，吕伟. 信息披露、信息中介与企业过度投资［J］. 会计研究，2009（1）：60–65.

［183］张功富. 政府干预、政治关联与企业非效率投资——基于中国上市公司面板数据的实证研究［J］. 财经理论与实践，2011（5）：24–30.

［184］张功富，宋献中. 我国上市公司投资：过度还是不足？——基于沪深工业类上市公司非效率投资的实证度量［J］. 会计研究，2009（5）：69–77.

［185］张劲松，季秀杰. 论会计信息质量对企业融资和投资的影响［J］. 商业经济，2004（7）：93–94.

［186］张敏，黄继承. 政治关联、多元化与企业风险［J］. 管理世界，2009（7）：93–94.

［187］张敏，张胜，申慧慧，王成方. 政治关联与信贷资源配置效率——来自我国民营上市公司的经验证据［J］. 管理世界，2010（11）：143–153.

［188］张兆国，曾牧，刘永丽. 政治关系、债务融资与企业投资行为——来自我国上市公司的经验证据［J］. 中国软科学，2011（5）：106–121.

［189］支晓强，童盼. 管理层业绩报酬敏感度、内部现金流与企业投资行为［J］. 会计研究，2007（10）：73–81.

［190］朱茶芬，李志文. 国家控股对会计稳健性的影响研究［J］. 会计研究，2008（5）：38–45.